四川大学博物馆藏品集萃

藏传佛教

艺术卷

ZANGCHUAN FOJIAO YISHUJUAN

新巴·达娃扎西　编著

霍大清　摄影

四川大学出版社

责任编辑:何　静
责任校对:周　颖
封面设计:墨创文化
责任印制:王　炜

图书在版编目(CIP)数据

四川大学博物馆藏品集萃. 藏传佛教艺术卷 / 新巴·
达娃扎西编著;霍大清摄影. —2版. —成都:四
川大学出版社,2019.9
ISBN 978-7-5690-3083-9

Ⅰ.①四… Ⅱ.①新… ②霍… Ⅲ.①四川大学-博
物馆-历史文物-图录②喇嘛宗-宗教艺术-历史文物-
中国-图录 Ⅳ.①K870.2②J196.21-64

中国版本图书馆CIP数据核字(2019)第199980号

书　名	**四川大学博物馆藏品集萃·藏传佛教艺术卷**
编　著	新巴·达娃扎西
摄　影	霍大清
出　版	四川大学出版社
地　址	成都市一环路南一段24号(610065)
发　行	四川大学出版社
书　号	ISBN 978-7-5690-3083-9
印　刷	四川盛图彩色印刷有限公司
成品尺寸	210 mm×260 mm
印　张	13.25
字　数	407千字
版　次	2019年10月第2版
印　次	2019年10月第1次印刷
定　价	198.00元

◆读者邮购本书,请与本社发行科联系。
　电话:(028)85408408/(028)85401670/
　(028)85408023 邮政编码:610065
◆本社图书如有印装质量问题,请
　寄回出版社调换。
◆网址:http://www.scup.cn

丛书总序

霍 巍　四川大学博物馆馆长

　　四川大学博物馆的前身为建立于1914年的华西协合大学古物博物馆，是博物馆从西方传入中国之后，中国早期建立的博物馆之一，也是中国高校中第一座博物馆，拥有悠久的历史和丰富的馆藏文物，在中国博物馆事业发展史上具有重要的历史地位。

　　四川大学博物馆现收藏文物5万余套、8万多件，门类包括书画、陶瓷、钱币、刺绣、民族民俗文物等，不仅是教学、科研的重要实物资料，也是学校建设和社会服务的重要文化资源。在四川大学博物馆建馆一百周年和四川大学建校一百二十周年之际，我们组织馆内专业人员编写了这套"四川大学博物馆藏品集萃"丛书，旨在通过系统的分类介绍与研究，深入浅出，用生动通俗的文字配以精美的文物图片，向广大读者展示馆藏文物精品的历史价值、艺术价值和科学研究价值。

　　入选本套丛书的馆藏文物，许多都是国家一二级文物，甚至有数件国宝级文物。它们凝聚着不同历史时代丰富的信息，从不同的侧面映射出中华传统文化的神韵，也反映出中国西南地区独特的地域文化。特别值得指出的是，华西协合大学古物博物馆的创办者和管理者大多是训练有素、视野开阔的专家学者，他们往往在征集、收藏这些文物的同时，在当地也开展了相关的科学调查与研究工作，对其文化历史背景有着深刻的认识和理解。例如，本馆所藏20世纪30年代四川广汉三星堆遗址的玉石器，就是经过科学的考古发掘出土的，不仅有完整的田野考古发掘记录，而且还经过葛维汉（D.C.Graham）（时任华西协合大学古物博物馆馆长）、郑德坤等海内外著名学者的初步研究，为20世纪80年代三星堆考古的重大发现提供了宝贵的线索。三星堆的早期考古工作，被郭沫若先生誉为"华西考古的先锋"。又如，本馆所藏成都皮影精品，来自清末民初一个名叫"春乐图"的皮影戏班。独具眼光的前辈们不仅收藏了这个戏班珍贵的皮影，同时还将制作皮影的全套工具、数百份皮影戏唱本悉数加以征集，形成可供后世进行系统科学研究的成都皮影藏品系列，其价值自然远在单件皮影之上。类似这样的例子还有很多。正是基于这样深厚的学术背景，本馆的各类文物的收藏就某种意义而言见证了我国西南地区历史学、考古学、民族学、民俗学、艺术史等多个学科早期发展的历程，也见证了四川大学这所百年名校对于构建中国现代学术体系所做出的卓越贡献。

　　本套丛书的撰著者均为四川大学培养的考古学、文物学、博物馆学和艺术史等学科的中青年学者，他们对母校和博物馆怀有深厚的感情，接受过良好的专业训练，术业各有专攻。这套丛书的编写，既是他们献给百年馆庆最好的一份礼物，也是博物馆为四川大学一百二十周年校庆献上的一份厚礼。我深信，通过这套丛书，读者不仅可以"透物见人"，回顾四川大学博物馆这座百年名馆的光辉历史，而且可以在我们的导引下步入这座号称"古来华西第一馆"的庄严殿堂，感知其深厚的文化积淀和灿烂的时代风采，感受一个充满前贤智慧结晶的奇妙世界，体验一次令您终生难忘的博物馆之旅。

　　是为序。

目录

概　述

图　录

概述

公元七世纪中叶，从印度传入西藏的佛教，逐渐与本土宗教——苯教及本土文化相融合，形成了具有地方特色的藏传佛教。西藏地接中亚、印巴次大陆，与其毗邻的印度、巴基斯坦、克什米尔、尼泊尔及中原汉族地区等都盛行佛教，这种特殊的地理位置营造了浓郁的宗教氛围，加之南来北往的高僧大德的传法，技工匠师的流动，多种文化在此交汇碰撞，西藏逐渐成为文化艺术交流的圣地。

藏传佛教善于以艺术形式来弘扬教法，诠释深奥的哲理，以期达到教化众生的目的。藏传佛教初传时期，工艺多流于对外来艺术风格的机械式模仿。但到了元、明、清三代，随着藏传佛教的空前发展，其工艺在借鉴、吸收外来文化艺术的基础上，逐渐融入了西藏本土文化和民族审美情趣，形成了独特的藏地艺术风格。现传世的数量庞大的壁画、唐卡、造像、佛塔、面具、雕刻等都是独树一帜的佛教艺术品，深受世界各地学者及收藏家们的青睐。藏传佛教艺术不仅在中国，甚至在世界美术史上都占有一席之地。

一、四川大学博物馆藏传佛教艺术类藏品

四川大学博物馆是中国西南地区最早建立的博物馆，也是目前中国高校最大的综合性博物馆，在海内外享有盛誉。其前身为华西协合大学古物博物馆，创建于1914年，至今已有一百年的历史。她以丰富的藏品、高雅的学术品位享誉中外，受到专家学者的青睐。馆内收藏有全国各地的许多文物和珍品图书，涵盖青铜、石刻、书画、陶瓷、服饰、民俗文物等多个方面，其中藏传佛教艺术类藏品精品甚多，工艺精湛，既具有鲜明的民族特色，又有非常珍贵的历史文化研究价值。笔者以该馆藏传佛教艺术类精品为例，将其大致分为唐卡、印画、纸画片、造像、擦擦、佛塔、宝瓶、酥油灯、金刚铃、胫骨号、法螺、护身盒和木印版等十三大类，并在下文中对两大主要类别"唐卡"与"造像"藏品的历史演变、艺术风格以及工艺等进行较系统的论述，以期对该馆藏传佛教艺术类藏品有较全面的研究分析。

（一）唐卡

唐卡（Thang ka）也叫唐嘎、唐喀，系藏文音译，指用彩缎装裱后悬挂供奉的卷轴画。唐卡是藏族文化中一种独具特色的绘画艺术形式，题材内容涉及藏族的历史、政治、文化和社会生活等诸多领域，堪称藏民族的百科全书。唐卡类似于汉族地区的卷轴画，多画于布或纸上，然后用绸缎装裱。上端横轴有细绳便于悬挂，下轴两端饰有精美的轴头，画面上覆有薄丝绢及双条彩带。唐卡画成装裱后，一般还要请高僧大德念经加持，并在背面盖上高僧的朱砂手印（图23）或印章；也有绘制佛塔（图15）和撰写礼赞文的（图3），以示加持。唐卡的绘制极为复杂，用料极其考究，颜料取自天然矿物、植物原料，色泽艳丽，经久不褪，具有浓郁的雪域风情。

1.唐卡的绘画史

唐卡起源于何时，至今学术界尚未有一种定论。在五世达赖喇嘛所著的《大昭寺目录》一书中有这样的记载："法王用自己的鼻血描绘了一幅白丹拉姆女神像"[1]。这是我们目前所能见到的有关唐卡起源的最早的文献记载。此文当中的法王即吐蕃赞普松赞干布。这幅相传松赞干布亲自绘制的唐卡，"后来，蔡巴万户长时期果竹西活佛在塑白丹拉姆女神像时，作为核心藏在佛像腹中"[2]，现已不复传世。虽然我们无法通过该文献断定唐卡的准确产生

①五世达赖喇嘛：《大昭寺目录》，文物出版社，1985年。
②五世达赖喇嘛：《大昭寺目录》，文物出版社，1985年。

时间，但它给我们提供了一个基本的信息：早在七世纪中叶以前，这种将神像绘制在布面上的绘画形式已经存在。

当时西藏的绘画风格主要还是受尼泊尔风格与中原汉式艺术风格的影响。这是因为"松赞干布迎娶尼泊尔尺尊公主为妃，在公主进藏时随同她一起前往的还有很多杰出的尼泊尔艺术家。这些人进藏以后，把尼泊尔的艺术风格融入了西藏艺术，并且形成了西藏宗教艺术中的'尼泊尔流派'"①。后来"当赞布迎娶文成公主时，随公主进藏的还有很多杰出的汉族艺术家。这样，也把内地的汉式艺术风格融入了西藏宗教艺术"②。

公元10~12世纪，是西藏历史上的分治时期，整个雪域高原处于各自为政的分裂割据局面，正如藏族谚语"Bla ma re la chos lugs re, lung pa re la khrims lugs re"（一个喇嘛一种教法，一个地方一种法律）中所描述的情景，出现了众多地方割据政权。这种各自为政的现象，在宗教艺术文化上也有所反映。这一时期，西藏艺术受到了各种文化的影响，有印度的、尼泊尔的，还有克什米尔的，同时藏族人也不断地将自己的本土文化传统和外来文化进行融合，创造出新的艺术风格。我们如果从地理范围来进行粗略的划分，大致可分为两大类：一为卫藏绘画，一为西藏西部绘画。卫藏绘画风格主要来源于印度—波罗艺术；西藏西部绘画则主要受到与其地理位置相毗邻的克什米尔的影响。至于同时期藏东的绘画风格，张亚莎博士在她的《西藏美术史》中有所探讨，并列举实例做了进一步分析研究。③她认为藏东地区的唐卡绘画有自己的艺术渊源，是另一种艺术风格，与卫藏画风有着很大的差异。但笔者还是觉得我们仍然需要找到更多可信的实物证据来证明其绘画风格，因此，可以说目前我们对其所知依然甚少，有待于进一步研究。

西藏西部地区的古格是吐蕃王朝分裂后对整个藏族佛教文化艺术的发展影响最大的地方政权之一。古格佛教的发展开始于柯日王在位时期，这一时期宗教文化艺术得到空前的发展。他曾多次派人到印度、克什米尔等地学法，并邀请印度等地高僧前来传法。这一举动为古格与周边地区在宗教、艺术、经济贸易等各领域的交流营造了相对宽松的环境，这也为古格的宗教艺术的发展奠定了良好的基础。

西藏西部的绘画风格，是在古格的统治和扶持下形成的，它对西藏绘画艺术的成熟起了重要作用。从其主要风格来看，画面主要表现的是世俗人物和世俗场景，具有浓厚的世俗气息。构图与吐蕃早期的绘画有所相似：主尊居于中心位置，脸型偏圆，人物很少有个性特征，动作姿势比较随意。这也说明这一时期在造像的量度上还没有严格的经典规范，但整个画面又给人一种庄严与安详之感。因此，就画面的整体布局及绘画风格而言，其形成与毗邻的克什米尔艺术有着非常直接的关系。

这一时期的卫藏地区也形成了新的绘画风格，传世的唐卡作品中早期较有代表性的应该为巴黎吉美博物馆收藏的《金刚萨埵与明妃》和洛杉矶县立艺术博物馆收藏的《无量寿如来与眷属》唐卡。这一时期的绘画风格主要还是受印度波罗艺术的影响，具体表现为：在题材上，以佛、菩萨为主。在构图形式上，中央主尊比较大，占据画面的优势地位。主尊的四周绘画眷属神等。主尊两旁的胁侍菩萨与中间的佛座高度一样。这一时期的菩萨像一般没有服饰，佩戴"外八密饰"。在人物造型上，这一时期的佛像额头高，脸盘大，五官较集中，发髻圆，肉髻平缓，顶有宝珠，但宝珠较小。菩萨面部特点为眼睛、眉毛、鼻梁细长。④画师很少塑造三维形象的立体感，主要是靠形体的层叠，并通过色调的处理和对比色的使用来强化画面。除了较朴素的层叠技法之外，还通过透视法的运用来获得整体画

①扎雅·诺丹西绕著，谢继胜译：《西藏宗教艺术》，第79页，西藏人民出版社，1989年。
②扎雅·诺丹西绕著，谢继胜译：《西藏宗教艺术》，第80页，西藏人民出版社，1989年。
③张亚莎：《西藏美术史》，第174~176页，中央民族大学出版社，2006年。
④凡建秋：《公元10-13世纪藏传唐卡绘画风格研究》，载《艺术探索》，2009年第2期，第6页。

概述

面的深度感。这一时期的绘画整体上给人一种古朴优雅的感觉。

公元13~14世纪，西藏寺院得到迅猛发展，对宗教图像的需求也随之增加。因此，传世的作品相较前两个世纪更加丰富。这一时期的作品虽然也受尼泊尔艺术风格的影响，但西藏一批优秀的本土艺术家也开始成长起来，雅堆·齐乌岗巴大师就是其中的一员。相传萨迦、协噶、昂仁等处留存的具有"尼风量度"风格，用藏式染色法绘制的阿底峡师徒、萨迦班智达、无量寿佛、持挺护法、四面护法、诅咒天母等唐卡和萨迦寺的原壁画均出自他的手。其作品的主要特点是，在吸收和保留尼泊尔绘画风格和技法特点的基础上开始大量加入西藏本土的文化元素及本民族的审美情趣。也就是这个时期，西藏绘画从前期的机械式模仿逐步向本土化、自主化创作发展。

谈到15世纪的西藏绘画，我们不得不提到山南洛扎地区一位叫勉塘·顿珠加措的画师。他早年到日喀则地区拜朵巴·扎西杰布为师，刻苦钻研绘画技艺，在绘画艺术领域有很深的造诣。他根据《续部》编写了绘画、雕塑理论专著《如来佛身量明析宝论》。以他为首形成了"勉塘"画派。勉塘画派的画风特点体现在人物造型上，严格遵循印度佛教造像的传统规范和《造像量度经》的法则，形成了藏地本土的造型模式。在设色上，色调偏青蓝，主要通过晕染表现明暗阴影效果，用铁线描勾勒，色彩艳丽而不腻，视觉冲击力较强。勉塘画派对藏族绘画艺术最重要的贡献在于它改变了早期的唐卡整体层叠式构架，无自然景观衬托，色调单一的模式，而改以雪域高原的景观为绘画背景，如雪山、冰川、森林、草原、湖泊、江河、岩石、人物等，并大胆借鉴、吸纳了中原汉式绘画中的花鸟造型和青绿山水的表现技艺，运用于唐卡背景的绘制，丰富了藏族绘画艺术的表现形式，强化了多样化及艺术感染力，产生了较大的影响。四川大学博物馆早期藏品"尊胜佛母"（图15）与"文殊九宫八卦图"（图37）两幅唐卡的创作手法，应该是受了勉塘画派的影响。

朵巴·扎西杰布的另一位高徒叫钦则钦莫，公元15世纪出生于贡嘎岗堆地区，少年时期就酷爱绘画，能独立刻画各种动物、植物等，成年后又认真学习描绘佛像，创立了独具风格的"钦则画派"。钦则派绘画，线条勾勒精致有序，远视效果极佳。色彩沉着饱满，善于使用高纯度的冷暖色，形成一种对比强烈、互不相融的生硬感，从而使画面的色差更明显，阳刚之气更浓郁。在表现手法上，几乎都是采用单色平涂的手法，很少采用晕染法。在构图上，保留了尼泊尔绘画传统中主尊像较大的特点，突出重点，周围众小像的排列井然有序。在画面背景表现上开始借鉴汉地绘画的表现形式，逐步形成藏族本土绘画风格。据传山南贡嘎多吉丹寺的壁画即出自钦则钦莫大师之手。

勉塘和钦则两派本出自同一门派，造型和量度上都师承朵巴·扎西杰布的绘画风格，后来才发展成两大不同风格的画派。两派的区别主要表现在"一文一武"及染色和勾金技法的不同。勉塘派尚"文"，钦则派尚"武"。相比较而言，钦则派更擅长绘制怒相神，其面相孔武威严，人物造型丰满圆润，形象稳健而又不失动感，动中有静，刚柔相济，颇具阳刚之美；色彩表现沉着饱满，善于使用对比色，色彩强烈而跳跃，配色细腻讲究，装饰性很强。另外，钦则派还善于绘制坛城，样式独特，刻画精美绝伦，纹样繁密华丽，令人叹为观止。

公元16世纪，出生于雅堆地区的南卡扎西活佛，从小就拜了许多绘画高手为师，钻研宗教文化，青年时期又到山南厄地区，师从厄巴、噶丹夏觉巴公确彭德学习勉塘派绘画技艺。他在人物的形体结构上以印度佛像和勉塘派为准，同时吸收中原工笔画的表现手法，融合诸家之技法，从而开创了著名的"噶孜画派"。该画派的主要表现是在描绘画面背景时，引入了中原地区青绿山水画意境的表现手法和传神因素，画面有一定的透视关系。尤其善于表现山石瀑布、花鸟林木、云雾湖光。在设色上，噶孜画派的一些特殊技艺与本土其他画派和中原工笔画都有所不同，它讲究点染功底，空间用淡彩渲染，自然过渡，而很少平涂；线条刚劲流畅，以铁线描勾勒人物及法座，用兰叶描来完成衣纹、花草；色彩上偏重青绿色调，强调以景传情，以景衬人，雅逸清丽。整个画面营造出如田园诗一般的梦幻意境。抒情与实景交融的风格是噶孜画派对藏族绘画的突出贡献，开创了藏族绘画的一代新风。

继南卡扎西之后，又有两位著名的画师继承了噶孜派画风，一位是设色多采用青绿色调，以风格隽秀清俊著称的却扎西，一位是以独创出新著称的噶雪·噶玛扎西。这三位大师成就卓著，在画史上被誉为"噶孜三扎西"。与南卡扎西同一时期的八世噶玛巴米久多吉（1507—1554）也十分欣赏噶孜画派的风格，他以先师的教导和自己的实践经验，撰写了专著《准线太阳明镜》，奠定了噶孜画派的理论基础。其后，十世噶玛巴曲英多吉（1604—1674）师从洛扎秋克·次仁活佛，苦学勉塘派画法，他以最早传到西藏的丝制唐卡鲁墨·崔臣西饶的信仰之主"也巴热瓦玛"的十八罗汉唐卡为范本绘制了众多唐卡作品，并学习吸收了内地绘画中的树木、花卉、建筑等画法，从而把噶孜画派推向了一个新的艺术境界。

继"噶孜三扎西"之后，康区炉霍郎卡杰大师的画风工整细腻，风格清新，其线条勾勒细如发丝，造型微小精细，比例精准，体态优美生动，五官须眉刻画入微，清晰如生，有"布娘画师"（Spumnyam，意为"毫毛不差之画师"）之美誉。

司徒·却吉迥乃（1700—1774）将内地绘画中的优秀技巧和基础知识与传统绘画风格相融合，创造了"噶孜"新派。他的技法继承自噶孜画派，但他的画风比古典噶孜更加淡雅，人物、花鸟更加细腻生动，并且更加重视主尊头光与背光的透明感。四川大学博物馆所藏"格萨尔王唐卡"（图28），应该是受了该派的影响。

公元17世纪中叶，后藏的秋英嘉措在勉塘派的基础上，综合噶孜派和钦则派的部分技法，吸收中原绘画特点，创立了"新勉塘派"。他的作品主要保留在扎什伦布寺。该画派原本只流行于后藏地区，后来逐渐普及整个藏区，成为18~19世纪藏中及后藏地区的新主流。四川大学博物馆收藏的唐卡，多数属于该派的作品。

1729年德格第四十二代王朝旦巴次仁时期，德格地区有位技艺非凡，人称工巧天毗首羯摩化身的德格普布泽仁大师，他继承勉塘派画风，在康区享有盛名。他所作范本画不仅在德格地区流行，甚至在整个雪域都是范本。四川大学博物馆收藏的印画类藏品多数是这一类印版制作的，具有非常高的收藏及研究价值（图41至图46）。在他的作品中，不对称的构图得到普遍应用，其构图既满又空，虚中见实。其绘画作品构思巧妙，技法纯熟，无论是远观还是近赏，都异常精美。

现传世的唐卡除有少量11~13世纪的作品外，大多数都是明清时期的作品。四川大学博物馆收藏有四百余幅唐卡，这批藏品作为藏族重要的文化遗产，为我们认识、研究藏族的历史、宗教、医学、艺术以及自然科学等提供了极为重要的实物资料。

2.唐卡的分类

根据唐卡制作材料，我们可以将其分为两大类：一类是用丝绢制成的唐卡，叫做"国唐"，即丝绢唐卡；另一种是用颜料绘制的唐卡，叫做"止唐"，即绘画唐卡。四川大学博物馆所藏唐卡，多数属于"止唐"，也有少量的"国唐"。扎雅活佛在《西藏宗教艺术》一书中，根据"国唐"所使用的丝绢材料，将其分为绣像（图24）、丝面、丝贴、手织、版印（图10）等种类。[①]同时，依据画面背景所用颜料的不同色彩，把"止唐"分为五种：

①彩唐：一种用各色颜料画成背景的唐卡（图3、图35）。

②金唐：一种用金色颜料画成背景的唐卡。

③朱红唐：一种用朱红色颜料画成背景的唐卡。

④黑唐：仅用墨色画成背景的唐卡（图23）。

⑤版印"止唐"：一种用墨或朱砂作颜料，用套版直接印在丝绢或棉布上而制成的唐卡（图10）。

除上述种类外，还有珍珠唐卡、掐丝唐卡、玄色羊皮画唐卡等等。

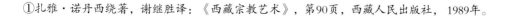

①扎雅·诺丹西绕著，谢继胜译：《西藏宗教艺术》，第90页，西藏人民出版社，1989年。

3.唐卡的内容题材

唐卡作为西藏绘画的表现形式之一，内容题材丰富而广泛，素有"西藏百科全书"之美誉。我们可以大致将其分为两大类。第一类为宗教类。此类唐卡主要题材大致可归纳为佛部、菩萨部、罗汉、金刚、护法、佛母、空行母、各教派祖师、法王与大成就者、佛教教义、宗教建筑、坛城、各宗派皈依境等。第二类为非宗教类，即与藏族世俗生活相关的题材。这类题材又可大致分为三部分：第一，以藏族社会历史为题材；第二，以藏族日常生活习俗及神话传说为题材；第三，反映藏族科学与医学观念的天文历算及藏医药唐卡。

（1）宗教类

①佛部

1）释迦牟尼佛

主要描绘释迦牟尼佛十二事业及其行菩萨道时的相关故事，如"舍身饲虎""割肉贸鸽"等题材。（图1）

2）本初佛

主要描绘金刚总持、金刚萨埵、普贤王如来等。

3）三世佛

主要描绘燃灯佛、释迦牟尼佛（图2）、弥勒佛。

4）五方佛

5）药师佛（图7）

6）无量寿佛（图12）

②菩萨部

菩萨是巴利文 Bodhisatto 的音译，菩提萨埵的简称，梵文 Bodhisattva。"菩提"汉译为"觉悟"，"萨埵"汉译为"众生"或"有情"，全译是"觉有情"。它包括"自觉"和"觉他"两层意思。也就是说，菩萨既是已经"觉悟的众生"，又是以觉悟他人为己任的"有情"。此类唐卡主要描绘八大菩萨，其中较常见的有文殊菩萨（图10）、观世音菩萨（图14）。

③罗汉

罗汉，是阿罗汉的简称。梵文 Arhat，藏文 Dgra bcom pa，即"杀贼"之意。此类唐卡主要描绘十六罗汉。

④金刚

藏传佛教修行者在修行时会选择一位或多位本尊作为观修的对象，随着修行成就的不同，所选择的本尊可逐渐变成更高层次的本尊。最高层次的本尊主要有五位，即大威德金刚（图19）、胜乐金刚、密集金刚、喜金刚、时轮金刚。

⑤护法

护法又称护法神。梵文 Dharmapala，藏文 Chos skyong srung ma。它是佛教的护法神，是维护佛教教义完整性的神。护法神形象多为忿怒相。护法分出世间护法与世间护法，出世间护法被看做真正得道的佛，如大威德金刚（图19）、吉祥天母等。世间护法不同于出世间护法，它类似于地方护法的角色。它虽有一定的世间法力，但修行者不能向其行皈依。在唐卡中最常见的出世间护法有大威德金刚、玛哈嘎拉（图21）、吉祥天母等。

⑥佛母、空行母

藏传佛教密宗双身佛中的男性形象称为金刚或明王，女性形象称为佛母，或称空行母、明妃。男性代表"方便"，女性代表"智慧"。以佛父母相拥抱作为"悲智和合"的象征，称"双修法"或"乐空双运"。而在唐卡中，佛父母经常被单独描绘，用于观想修持。其中以金刚亥母（图77）、狮面空行佛母、金刚瑜伽母等最为常见。

⑦大成就者、法王与各教派祖师

此类题材中最为常见的有印度佛教八十四位大成就者、祖孙三法王、师君三尊、玛密朵三尊、宗喀巴大师（图28）、萨迦五祖及师徒三尊（图30）等。

⑧佛教教义、宗教建筑、曼陀罗

此类在唐卡中最为常见的有六道轮回图、扎什伦布寺图、曼陀罗图等。

⑨各宗派皈依境

藏传佛教极其注重师徒传承，皈依境通常以"树"形结构为画面主体，将各传承法脉的皈依对象佛、法、僧及上师、本尊、护法依序排列描绘于唐卡中，供修持者观修。四川大学博物馆所藏"莲花生皈依境"唐卡（图29），画面整体呈"树"形结构，在其上依次描绘宁玛派法脉的主要传承高僧，布局宏大，描绘细致，气势雄浑。特别值得一提的是，此唐卡通常在诸佛、菩萨及护法本尊边均注有人物名称，这对于我们辨识宁玛派传承上师、诸神名称及其功能起到了很好的辅助作用。

（2）非宗教类

①以藏族社会历史为题材

主要将藏族历史各阶段的重要事件逐一画出，并佐以文字说明。此类唐卡对于我们认识、研究藏族社会历史有非常高的学术价值。如十三世达赖喇嘛入京图等。

②以藏族生活习俗、民风民情及神话传说为题材

此类题材主要有"藏民族起源图"，被称为"忠唐"（Sgrung thang）的藏族史诗《格萨尔王传》系列唐卡，以及一些象征吉祥的世俗画，如"六长寿图"和"牵象图"等。四川大学博物馆所藏"格萨尔王唐卡"（图36）就是这类题材的典型代表。此幅唐卡主要描绘格萨尔王及其三十员大将。三十员大将身着盔甲，手持长矛与马鞭，姿态不一，生动形象，在同类题材中属于非常稀有的精品唐卡。

③反映藏族科学与医学观念的天文历算及藏医药唐卡

1）天文历算

以天文历算为题材的唐卡被称为"孜唐"（Rtsis thang）。

2）藏医藏药

藏医藏药唐卡被称为"曼唐"（Sman thang），此类唐卡主要是依据藏族著名药书《四部医典》绘制而成。四川大学博物馆所藏"药师佛坛城"唐卡（图8）就属于此类藏品中非常难得的精品。此类唐卡对于我们认识、研究藏医药具有较高的实物资料价值。

谈到唐卡绘画艺术，我们在这里不得不探讨一下纸画片。纸画片，藏文梵文转写为Tsa ka li，音译为"孜各利"。《藏汉大词典》对其的解释为：

"画片，绘有象征天神、坛场、八祥瑞等图案的小画片。"① 扎雅·诺丹西绕在《西藏宗教艺术》中对纸画片即"孜各利"的解释为："孜各利画是一种袖珍画片。因它尺寸太小，根本不能用锦缎装饰起来，其最大的尺幅也就是15厘米×20厘米。最常见的幅形是条幅形，内容多描绘各种神灵，有时也画一些诸如佛塔之类的神器。"② 从上述文献及对实物的观摩中我们可以得知：纸画片多是描绘各种神灵、佛、菩萨、护法的独幅肖像，有立姿，也有坐姿等造型（图53至图60）；有时也画一些诸如佛塔和吉祥图徽之类的神器、法器或宗教图案（图61至图66）。纸画片画幅较小，画技精细入微，绘制技法如同唐卡，色彩鲜艳浓烈，线条勾勒精细，描金勾银的技艺更使得画面锦上添花。纸画片多作为寺庙或家中供奉，主要在讲解佛经意义及传授各类灌顶和仪轨时使用。在形式上，类似于我国汉地的小品画；在表现题材上，类似于唐卡；在表现技巧上，类似于阿拉伯细密画。关于"孜各利"有无装裱的问题，扎雅仁波切认为，因"孜各利"尺寸太小，根本不能用锦缎装饰。但我们在整理四川大学博物馆的"孜各利"藏品时发现，不仅有无任何装饰的单一画片式"孜各利"，也有用锦缎装饰或盖面的装裱式"孜各利"。其装裱方式类似于袖珍唐卡，但与传统唐卡的装裱方式还是有一定的差异。四川大学博物馆收藏的纸画片种类丰富，数量众多，画工精美，堪称该馆一绝。特别值得一提的是，每幅纸画片背后几乎都有藏文题记，主要解释该画面主尊的形象特征及其功能。这对于我们系统研究纸画片，无疑是非常珍贵的实物及文献资料。

（二）造像

藏传佛教造像艺术品种类众多，风格不一，可谓包罗万象，要准确鉴赏藏传佛教的各种造像，必须梳理清楚其由来，把握其艺术风格。这样，我们在确定名称、鉴定年代时就有比较确切的依据。藏传佛教造像与唐卡艺术很有相似之处，虽然吐蕃时

①张怡荪主编：《藏汉大辞典》，第2182页，民族出版社，1985年。
②扎雅·诺丹西绕著，谢继胜译：《西藏宗教艺术》，第92页，西藏人民出版社，1989年。

期的法王重视以本土审美标准来塑造佛像，但从七、八世纪至十二、十三世纪，西藏的造像主要还是以模仿外来作品为主，其中以克什米尔、尼泊尔风格的造像居多。大致在13世纪，造像与唐卡一样，逐渐开始形成本土艺术风格。这一时期的造像艺术作品，若按其风格划分，大体可分为三大类：藏西造像，藏中造像，藏东造像。

1.藏西造像

西藏西部古代佛教的中心地带和佛像产地主要为古格王国的势力范围。古格国王益西沃曾派多名青年赴克什米尔学法，其中的仁钦桑布返回西藏时，将32名克什米尔艺术家带到古格王国，进行艺术创作活动。托林寺、东嘎石窟以及后来的拉达克阿济寺的佛教造像均有可能出自这批克什米尔艺术家之手。这使得藏西佛教造像深受克什米尔风格影响。四川大学博物馆藏品"金刚手铜造像"（图67和图68）就是比较典型的早期藏西作品。这一时期造像的主要特点为：面容娟秀，神态优雅，杏眼圆睁，头戴三叶法冠，手持法器，略显笨拙，双足如棒，形态较板直，莲瓣简略宽肥，法座古拙质朴。

13~15世纪，藏西造像的风格最为突出，整体造型不再有早期的稚拙之风，比例匀称，身躯舒展，面部表情及手脚均有一定的写实性，法冠、缯带、耳饰等制作工艺非常精美，显得玲珑剔透，艺术家们开始注重衣纹及背光等细部刻画。总之，这一时期的造像整体风格呈现出夸张、张扬的动态美。四川大学博物馆的另一尊"莲花手观音铜造像"（图69）藏品属于这一时期比较典型的作品。

15~16世纪后的藏西造像作品，由于过分注重外在的华美，而不讲求造像本身的内涵，不久就走向衰败了。

2.藏中造像

14世纪中期以后，随着汉藏文化交流的密切，汉文化的影响在西藏艺术上有着突出的体现，此时的造像样式可以说已经成熟并走向程式化。前期的克什米尔或尼泊尔风格特点等开始逐渐消退，即使

有些造像上仍显示有某些外来元素，但这些元素与汉文化因素及西藏固有的审美情趣相融合，早已没有生搬硬套之痕迹。

14世纪之前的高僧造像由于写实性技法所限，许多造像没有多少人物个性特点，只是以一种象征性的表现手法来塑造。15世纪初，由于格鲁派的兴盛，在拉萨及日喀则、江孜等地先后建成了规模宏大的哲蚌寺、色拉寺、扎什伦布寺、白居寺等格鲁派寺院。对造像的需求开始日益增大，造像的塑造工艺也随之得到很好的发展。在铜造像上，以宗喀巴为首的各教派高僧造像较之前为多。此时期写实性水准空前提高，故高僧的写实性肖像开始流行。四川大学博物馆的"莲花生大士铜造像"（图78）藏品，应该是在这样的背景下塑造出来的。这一时期的高僧造像，技法极为写实，造型精致，各具形貌特征。虽然我们无法见到本人，但可推断当与本人肖似。而17世纪以后的高僧肖像与14世纪之前的有所相似，由于不注重写实技法，且更流于形式化、概念化，后人只能凭僧帽、袍服、法器等装饰特征来辨认某位高僧。

西藏佛教造像的样式不仅在西藏得到了大的发展，还对中原特别是北方地区影响很大。"从技法上看，明代汉式传统雕塑技法多已衰退，特别是明晚期万历时的造像，一般多头大身小，姿态僵板，无雕塑之美可言。但西藏系佛像多比例匀称，颜面端正，造型优美，细部雕饰精致，将汉式的衣装和审美趣味融以西藏系佛教的准确比例和写实技法，使得明代初中期的造像又呈现繁荣局面。"[1]西藏佛教造像在吸收各种文化的基础上逐渐形成了独具特色的优美典雅的风格。从四川大学博物馆的"阎王铜造像"（图72）、"金刚手铜造像"（图74）等同类藏品中，我们可以窥视这一时期的造像工艺水平。

3.藏东造像

拉萨以东，以昌都为中心的康区和安多地区在藏传佛教艺术上一般归入藏东流派。藏东地区以噶举派的支派噶玛噶举派最具影响力。噶举派流派众

---

① 金申：《佛像的鉴藏与辨伪》，第87页，上海辞书出版社，2002年。

多，支派多分布在康区。15世纪初期，噶玛巴与中央政府关系密切，由此推动了汉藏文化的交流。在这一背景下，逐渐在藏东形成了极具汉风的"噶玛噶孜"画派。藏东造像的风格与"噶玛噶孜"画派颇有相似之处，在细部的刻画上不太重视过度的装饰与雕琢，总是以朴素明快示人，故显得简洁、单纯。

藏东地区的造像在题材上主要以米拉日巴、玛尔巴等为首的噶举派祖师和汉风颇重的罗汉像为主，也有较少量的其他教派造像。四川大学博物馆所藏"噶玛巴·旺秋多吉"（图101）尊者肖像就是极具藏东风格特征的珍贵造像之一。我们从此尊造像台座后阴刻的藏文题款"Rje btsun dam ba dbang phyug rdo rje la na mo"，意即"向尊者旺秋多吉顶礼"，可以得知其为旺秋多吉尊者的造像。

旺秋多吉尊者（1556—1603，藏文Dbang phyug rdo rje，意为"自在金刚"）是噶玛噶举派黑帽系第九世活佛，是一位非常杰出的佛教大师。他出生于金沙江边的哲务，与云南丽江木土司关系密切，长期在康区传法。他有很多著名的弟子，在众多弟子中，最具影响力的是著作极丰的觉囊巴学者兼译师多罗那他。其他著名弟子还有：第六世夏玛却吉旺秋、第五世锡度却吉嘉晨、第五世嘉察绰巴邱扬、第三世巴渥楚拉嘉措、直贡噶举却吉仁钦南嘉以及达龙噶举却吉贡玛扎西等。此尊造像技法写实性极强，面部刻画生动细腻，线条流畅，可谓栩栩如生。虽然时隔四百多年，但今天的我们仍然能够从此尊造像上一睹这位佛教大师的风采。现今传世的旺秋多吉尊者造像中，有明确题记的非常稀有。因此，不管是宗教意义，还是学术研究价值，此尊造像都极为珍贵。

四川大学博物馆所藏另一尊"阿秘特尊者"（图100）精品造像，也是非常珍贵的藏东造像。此尊造像最令人赞叹的是，尊者的面部神态和蔼可亲，目光深邃而睿智，豁达大度，充满了一种温馨的人情味。造像工艺娴熟，线条流畅，极尽技法之粹。

由于西藏造像艺术来源繁杂，风格各异，除11~14世纪西藏西部的一些造像我们能够确凿无疑地断定以外，其他的则很难判断。到15世纪以后，本文中所探讨的各种造像风格流派逐渐消失，地域性特征不再突出，整体样式呈现出统一性。目前对于西藏中部、西部和东部的不同造像艺术流派间的差别，我们还没能形成一种比较系统的认识，更不用说达成统一的标准。因此，在探讨西藏造像艺术的过程中，把同一件器物划分为不同时代风格与产地的现象在学界时有发生，甚至出现前后矛盾的论述，从而加大了后来者鉴赏藏传佛教造像的难度。这也许正是藏传佛教艺术的魅力所在。

与铜造像在题材与风格上颇有异曲同工之妙的无疑是"擦擦"工艺。"擦擦"，藏文Tsha tsha，是指小型模制而成的泥佛像或泥塔。其制作方法是用泥塑手法造型后，再用铜、铁、木、陶等制成印模，在印模内填充胶泥，再经过挤压、脱模等制作完成。

藏传佛教僧俗制作擦擦的目的在于积攒善业功德，并将其视作消灾祈福的圣物。擦擦多用于佛像及佛塔的装藏。有些则直接置于寺庙、修习的岩窟或"擦康"（Tsha khang）内，还有的堆放在山顶和路口的玛尼堆处，与玛尼石刻、风马旗和经幡一起接受信众的顶礼膜拜。除以上供奉方式外，还流行将擦擦安放于随身佩带的嘎乌之内，以便随时随地观想礼赞。擦擦工艺是藏族雕塑中独树一帜、别具一格的微塑艺术品类，在藏区朝佛圣地随处可见，应用极广。

藏地发现的早期擦擦多由红色陶土塑成，边缘不规整，胎泥外溢，图案以神降塔、吉祥塔和菩提塔居多，边缘大都印有般若经咒（图113）。大约在15世纪以后，随着藏传佛教的兴盛，藏地开始大量制作擦擦，其题材也逐渐增多。擦擦从工艺上可分为单面模具制作的浮雕和双面模具制作的圆雕。从形体上我们大致可以将其归纳为两类：一是塔形，其上有佛像及各种变相；二是砖形，印有佛像和经咒。四川大学博物馆收藏的擦擦多数属于后者。在色彩上又分为素泥（图120）、彩泥（图112）、泥金（图123）或后二者兼具（图118）。从成分上看，擦擦的类别也较多。一般是用最普通的泥土（图117）制成，考究的则用阿嘎土或掺有香灰（图121）、纸浆的泥土（图114）制成；另一种是用泥质药浆或藏药炮制而成的"敏擦"（Sman tsha），即"药擦"。除此之外，还有将自己的上师、父母及亲友的骨灰、遗物与泥土混合制成的"古擦"（sku tsha），即"法体擦"，以期消除罪业，或者表示将身体供奉于佛。四川大学博物馆收藏有一批早期的擦擦精品，种类丰富，工艺精湛，可谓该馆的另一类珍贵藏品。

二、四川大学博物馆藏传佛教艺术类藏品特色

四川大学博物馆除了上述几类藏品之外，还有很多非常精致的藏品，但由于篇幅有限，不能一一介绍，只能在本书的图录部分再做相应的介绍。下面笔者想对四川大学博物馆藏传佛教艺术类藏品的特点做一些归纳：

（一）资源丰富，灿若繁星

由于地缘上的优势，四川大学博物馆具有得天独厚的条件，建馆伊始，便不间断地派员深入藏区开展田野调查，竭力采购了大批珍贵的藏文化藏品。除了上文中提到的十三类藏品以外，本馆还收藏有许多藏传佛教的法器、经书及其他日常生活用品等各类藏文化藏品，总量多达四千余件，可谓种类繁多，品种齐全。

（二）雪域风情，异彩纷呈

综上所述，四川大学博物馆的藏传佛教艺术类藏品，不仅有藏东、藏中风格的藏品，也有不少藏西风格的藏品。这些珍贵的藏品，每一件本身就是藏文化的代言者，它们背后有着太多世人所熟知或未知的故事，正等待我们去一一探索。也正因为有这些珍贵的藏品，我们才有可能根据它们所透露的信息，穿越时空，去探秘数百年前我们所未知的雪域高原的那些人和事。

（三）工艺精湛，巧夺天工

四川大学博物馆收藏的藏传佛教艺术类藏品多数是由历代著名的民族学家、考古学家、人类学家所收藏及收购的，他们以独特的专业视角及高超的艺术修养，为我们留下了一批弥足珍贵的藏品。这些藏品数量繁多、品种齐全、工艺精湛，还有不少属于孤品，极具收藏价值与学术研究价值。每每看到它们丰富的色彩、奇巧的形态、精致的造型，这种奇妙的视觉冲击使得笔者的语言极度匮乏，不知如何去形容和描述。但我想这就是所谓的"巧夺天工，神工鬼斧"吧！

四川大学博物馆自建馆以来，即利用丰富的藏文化藏品进行陈列展示，在教学科研等方面可谓成绩卓然，但以藏传佛教艺术类专题形式的图录书籍出版尚属头一次。因此，笔者希望通过此本图录的出版，能够进一步发掘该馆藏文化藏品的资源价值，同时也希望能给从事藏文化及藏传佛教艺术研究的学者们提供一些实物资料。

图录

TULU

第一部分

唐卡类

释迦牟尼佛诞生唐卡

年代：清

质地：布

尺寸：长54厘米，宽38.5厘米

主尊摩耶夫人右手扶无忧树，左手向下，上身裸露，下身着红色长裙，表情轻松，姿态优雅。左右环绕侍女。主尊上方为各界神仙迎接佛诞生的情景。

此幅唐卡主要表现摩耶夫人按当地习俗回娘家生子的途中产下王子的情景。

画工古朴，布局独特，用色单一，属较早期的绘画风格。

【图1】

四川大学博物馆藏品集萃

藏传佛教艺术卷

释迦牟尼佛唐卡

年代：清
质地：布
尺寸：长65厘米，宽32厘米

主尊一面二臂，黄肤色，蓝色高髻，相好庄严，双手结说法印，身着红色袒右袈裟，结金刚跏趺坐于莲月宝座上。整个画面被黑底条纹分割为几个部分，条纹上有金色题记，各条纹之间绘有传记式故事情景。

由于铭文字迹不太清晰，无法完整识读，因此，我们目前无法判定故事人物的真实姓名；但从人物着装特点来推测，应为宁玛派某位高僧的传记。此幅唐卡整体风格很有壁画的特点，因此，笔者推测它是模仿壁画而制。

该唐卡整体层次分明，画风古朴，结构独特，不失为一件珍贵的早期藏品。

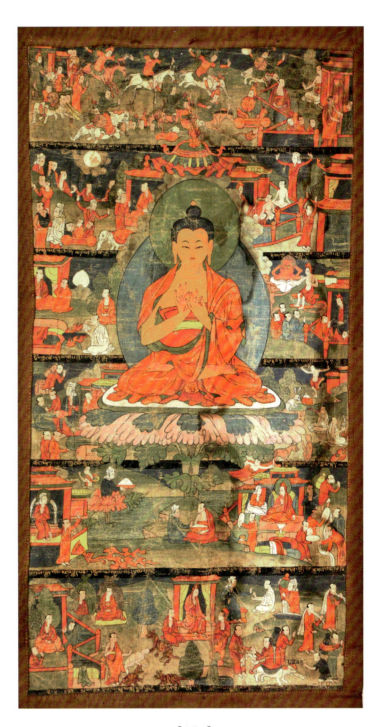

【图2】

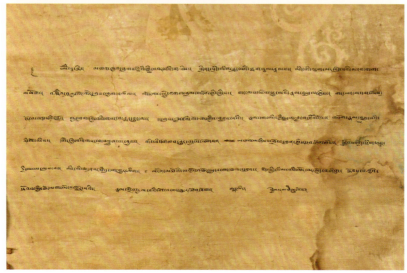

【图3】

佛本生传唐卡

年代： 清
质地： 布
尺寸： 长80厘米，宽52厘米

主尊一面二臂，黄肤色，蓝色高肉髻，相好庄严，右手施触地印，左手结定印并托蓝色钵，身着红色金线龙纹袒右袈裟，结金刚跏趺坐于莲月宝座上。红色叶纹饰背光，顶部为红色饕餮顶如意宝；环绕主尊周围绘有祥云、山水、花草、树木、动物、宫殿等图案。从主尊左上角开始以顺时针方向描绘了十个佛本生传（正面铭文编记为二十至三十之间）故事情景。唐卡背面的礼赞文中提到该唐卡为佛本生传的第二十号，因此，我们基本可以推断该唐卡并不是一幅独立的唐卡，而是成套唐卡中的一幅。

该唐卡生活气息浓郁，主次分明，构图饱满，疏密有致，形象生动，笔法细腻，线条流畅，是一幅非常难得的清早期的唐卡精品。

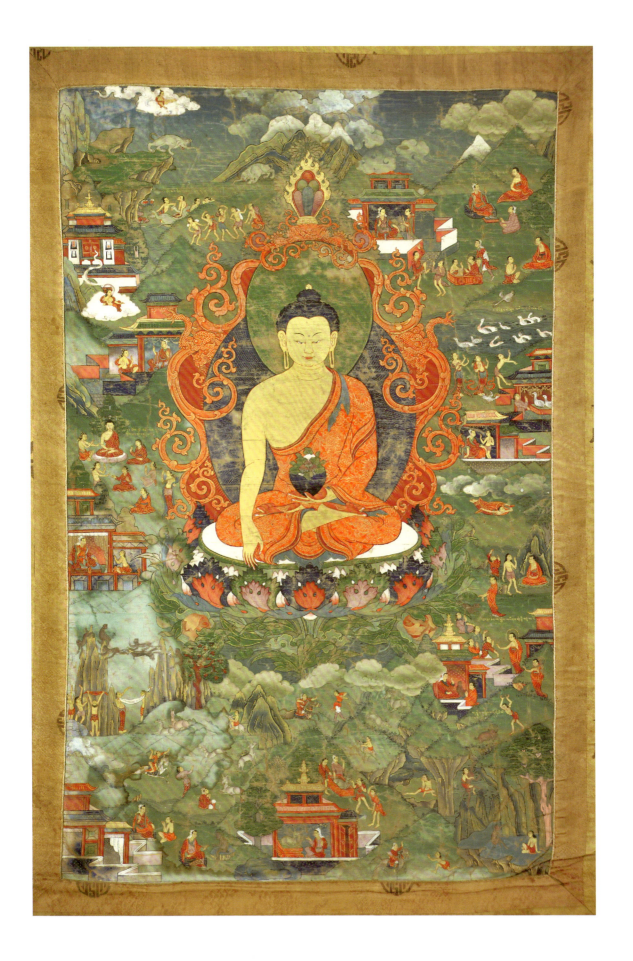

释迦牟尼佛皈依境唐卡

年代： 清

质地： 布

尺寸： 长31.5厘米，宽24厘米

这幅唐卡描绘的皈依境呈树形，主尊为释迦牟尼佛。位于中间靠上的位置，黄肤色，身着袒右袈裟，右手施触地印，左手结定印并托钵，胸前有一尊金刚萨埵，结金刚跏趺坐于莲月宝座上。主尊周围环绕诸位传承祖师、本尊、佛、菩萨、护法等。

该唐卡线条刚劲，色彩艳丽，布局复杂多变，人物神态各异，排列疏密有致，呼应紧凑，笔法灵活自如，意境开阔。

【图4】

三十五尊忏悔佛唐卡

年代： 清

质地： 布

尺寸： 长37厘米，宽27厘米

主尊为释迦牟尼佛，一面二臂，黄肤色，高肉髻，右手结触地印，左手结定印并托法钵，身着袒右袈裟，发射金色光芒，以示庄严，赤足，结金刚跏趺坐于绿色莲月宝座上。台座两侧侍立舍利弗与目犍连，平头，右手持法杖，左手持法钵，头显光环，面侧佛而站立。主尊周围环绕着其余三十四尊佛，姿态不一，肤色不同，法相庄严，此幅唐卡画工细腻，技艺超群，布局合理，是一幅非常难得的宫殿风格精品唐卡。令人肃然起敬。

三十五佛指常住十方一切世界的三十五佛。《佛说决定毗尼经》云：犯了五无间罪的人，应在三十五佛前诚心忏悔。《佛说三十五佛名礼忏文》的后记中称：古印度的大乘修行者，常于六时礼忏三十五佛。至今西藏与汉地的修行者中亦盛行此信仰。

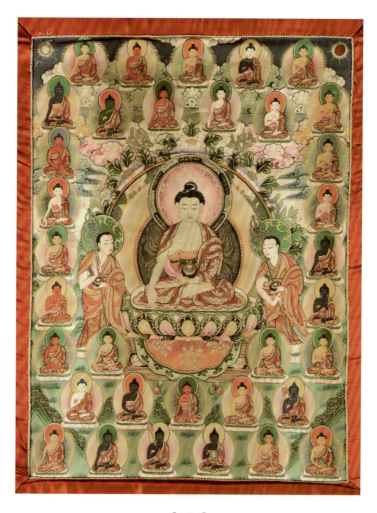

【图5】

四川大学博物馆藏品集萃

藏传佛教艺术卷

阿弥陀佛唐卡

年代：清

质地：布

尺寸：长71厘米，宽50厘米

主尊为阿弥陀佛，高肉髻，红肤色，相好庄严，双手托钵，身着通肩袈裟，赤足，结金刚跏趺坐于莲月宝座上。莲叶纹背光。主尊上方为宗喀巴大师像，表明此幅唐卡为格鲁派传承；下方为八大菩萨结跏趺坐像；周围为其传法情景。

整幅画面人物形象生动，栩栩如生，线条流畅，画工精湛，堪称绝妙。

【图6】

药师佛唐卡

年代：清

质地：布

尺寸：长38厘米，宽27.5厘米

【图7】

　　主尊为药师佛，一面二臂，蓝肤色，高肉髻，相好庄严，身着袒右袈裟，右手结施愿印并持尊胜诃子果枝，左手结定印并托法钵，赤足，结金刚跏趺坐于莲月宝座上。身体发射光芒，莲叶式背光。主尊周围环绕着七尊药师佛及夏陇除魔金刚。

　　此幅唐卡画工细腻，颜色鲜艳，视觉效果极佳，是一幅受宫殿风格影响的精品唐卡。

　　药师佛，又作药师如来、药师琉璃光如来、大医王佛、医王善逝、十二愿王。为东方净琉璃世界之教主。据《药师琉璃光如来本愿功德经》载，日光遍照菩萨与月光遍照菩萨同为药师佛的二大胁侍。日光菩萨与月光菩萨同为无量无数菩萨众之上首，依次递补佛位，悉能持药师如来之正法宝藏。

【图8】

药师佛坛城唐卡

年代：清

质地：布

尺寸：长70厘米，宽61.5厘米

主尊为药师佛，一面二臂，面相慈善，仪态庄严，身呈蓝色，乌发肉髻，双耳垂肩，身着袒右袈裟，右手置于膝前并执尊胜诃子果枝，左手置于脐前并捧法钵，双足结金刚跏趺坐于莲月宝座上。帝释天、梵天及观音菩萨等围绕于其座前，并呈供养状。主尊与诸菩萨安住城中，各城门站立有四大天王，城堡周围描绘有各类药物，画面四角绘有意化智慧佛、身化智慧佛、功德化智慧佛以及事业化智慧佛。

从画面最下方的题记可知，此唐卡是依据17世纪中叶的第司·桑杰嘉措的《四部医典》词义注释作品《蓝琉璃》的部分内容绘制的。另外，此幅唐卡每个个体画面下均注有藏文题记，这对于我们系统研究此幅唐卡的绘画内容及其出处等提供了依据，颇为珍贵。

这是一幅受噶玛嘎孜画派影响的非常难得的精品唐卡。

无量寿佛袖珍唐卡

年代：清

质地：布

尺寸：长9厘米，宽7厘米

【图9】

主尊为无量寿佛，一面二臂，头戴法冠，红肤色，相好庄严，身着绿色天衣，佩戴百宝，全身发射金色光芒，双手结定印并托黄色长寿宝瓶，结金刚跏趺坐于白色莲月宝座上。

此幅唐卡系袖珍型，携带方便，画工精致，是一幅非常难得的袖珍型唐卡精品。

四川大学博物馆藏品集萃

藏传佛教艺术卷

文殊菩萨唐卡

年代：清
质地：丝绢
尺寸：长80.5厘米，宽64厘米

主尊一面二臂，呈少女相，慈眉善目，头戴宝冠，身着法衣，佩戴百宝，右手高举宝剑，左手结期克印并持莲花经卷之莲茎，赤足，结金刚跏趺坐于莲花座上。主尊下方绘有三尊供天女，身体整体呈"S"形。

此幅唐卡属于以墨为颜料在套版上直接印制而成的版印"止唐"类，制作精美，极具代表性。

【图10】

长寿三尊唐卡

年代： 清

质地： 布

尺寸： 长49厘米，宽34.5厘米

主尊为无量寿佛，一面二臂，头戴法冠，红肤色，身着法衣，佩戴百宝，双手结定印并托长寿宝瓶，结金刚跏趺坐于粉色莲月宝座上。彩虹纹背光上饰有绿色莲叶。主尊上方有祥云及日月图案，左下为尊胜佛母，右下为白度母。

此幅唐卡布局合理，色彩浓烈厚重，线条流畅，绘工精细，属于勉塘画派风格。

藏传佛教中，无量寿佛、尊胜佛母、白度母三尊被认为是福、寿、吉祥的象征，称为"长寿三尊"，深受藏族人民的喜爱。

【图11】

鎏金无量寿佛唐卡

年代：清

质地：布

尺寸：长46厘米，宽34厘米

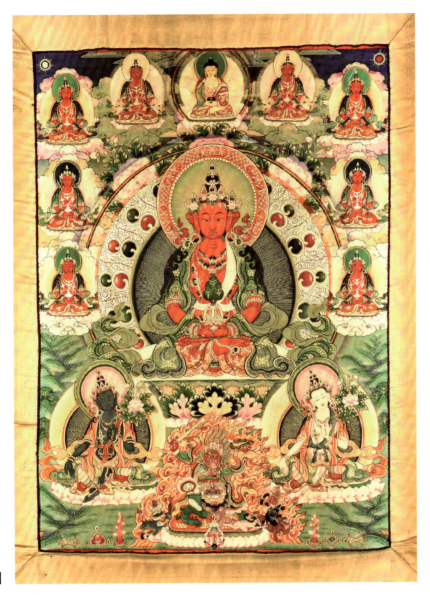

【图12】

主尊为无量寿佛，一面二臂，红肤色，头戴宝冠，相好庄严，双手结定印并托长寿宝瓶，身着天衣，佩戴百宝，结金刚跏趺坐于莲花座上。主尊上方正中为阿弥陀佛，其周围为与主尊相似的八尊无量长寿佛。主尊左下方为白度母，右下方为绿度母，其下方为姊妹护法。

此幅唐卡布局合理，色彩鲜艳，画工精湛，属于宫殿风格精品唐卡。

【图13】

鎏金十一面观音唐卡

年代： 清

质地： 布

尺寸： 长37厘米，宽27厘米

　　主尊为十一面观音，白肤色，呈站立状，共计十一张面孔，分五层排列。一嗔面，化恶有情；二慈面，化善有情；三寂静面，化导出世净业。这三面教化三界，便有九面。第十面为忿怒面，表示教化事业需要有极大威严和极大意志方能无懈而成就。最上有一佛面，表示功德圆满。十一面观音主救济阿修罗道，给众生以除病、灭罪、增福之现世利益，总之为除恶导善，引众生入佛道之菩萨。

　　主尊顶部正中为无量寿佛，其左右为六臂大黑天及马头明王；主尊下方为文殊菩萨及寂静相金刚手菩萨。

　　此幅唐卡主次分明，构图饱满，笔法细腻，线条流畅，是一幅非常难得的宫殿风格精品唐卡。

四臂观音唐卡

年代：清

质地：布

尺寸：长35厘米，宽26厘米

主尊为四臂观音，一面四臂，白肤色，相好庄严，头戴宝冠，主双手合掌于胸前，捧有摩尼宝珠，次右手执水晶念珠，次左手持莲花经卷（通常四臂观音的次左手只持有莲花，并没有经书）。上身着天衣，下身着红裙，佩戴百宝，结金刚跏趺坐于莲月宝座上。

画面整体呈金字塔形，主尊位于中心，塔尖为宗喀巴大师像，最下方两角为站立式文殊菩萨及寂静相金刚手菩萨。

【图14】

尊胜佛母唐卡

年代：清
质地：布
尺寸：长57厘米，宽40厘米

　　主尊三面八臂，正面白，右面黄，左面绿，各面均有三只慧眼。右第一手执交叉杵对准心脏，第二手托无量光佛，第三手持箭，第四手结施愿印；左第一手以金刚绢索结期克印，第二手执弓，第三手持法绳，第四手结定印并托甘露宝瓶。头戴法冠，身着绿色神衣，佩戴百宝，结金刚跏趺坐于莲月宝座上。绿色莲花树背光。主尊两边站立侍女，上方绘有四臂观音、金刚手、无量寿佛、药师佛、文殊菩萨、绿度母等佛和菩萨，下方为四尊马头明王及多闻天王。

　　此幅唐卡以绿色为主，线条流畅，结构合理，主次分明，为较难得的受勉塘画派影响的唐卡精品。

　　佛经中说尊奉尊胜佛母得到长寿持命者很多，故修法需要长寿、顺缘、遗逆缘，谓之吉祥三坛城，是藏传佛教之延寿赐福必供之佛。

 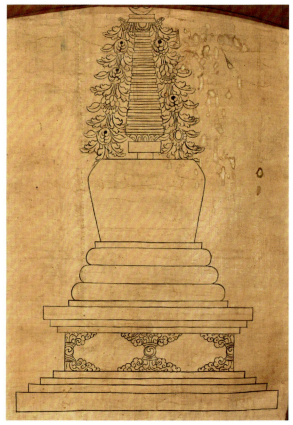

【图15】

【图16】

鎏金度母唐卡

年代： 清

质地： 布

尺寸： 长86.5厘米，宽60厘米

主尊一面二臂，头戴宝冠，黄肤色，七慧眼，相好庄严，身着天衣，佩戴百宝，右手施愿印，左手持莲花，结金刚跏趺坐于莲月宝座上。周围环绕有141尊金身度母像。

此幅唐卡画工精美，品相上佳，保存完好，殊为难得。

绿度母唐卡

年代：清
质地：布
尺寸：长62厘米，宽42.3厘米

　　主尊为绿度母，一面二臂，呈少女相，绿肤色，现慈悲相。头戴宝冠，身佩百宝，上着天衣，下身着裙，以示庄严。右手向外置于右膝上，结施愿印，持乌巴拉花；左手置于胸前，亦持乌巴拉花。结半跏趺坐于莲月宝座上，左足蜷曲，右足伸出座外，踏在莲花上。主尊周围环绕着二十尊绿度母像，肤色及天衣颜色不一。主尊上方正中有一尊阿弥陀佛像，下方有一尊吉祥天母像。

　　此幅唐卡线条流畅，色彩鲜艳，庄严华丽，应为宫廷风格精品唐卡。笔者认为此唐卡很有可能是汉族画家所绘。

　　度母，梵文Tara，藏文Sgrol ma，全称圣救度佛母，古称多罗菩萨、多罗观音，共有二十一尊，皆为观世音菩萨之化身。绿度母即二十一尊度母之一。

　　佛教认为修持此尊密法，能断生死轮回，消除一切魔障、业障等，并能消灾、增福、延寿、广开智慧……凡有所求，无不如愿成就，且命终往生极乐世界。

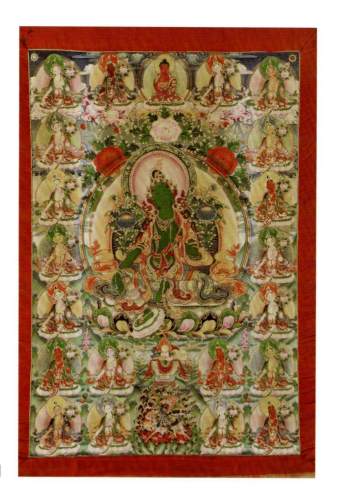

【图17】

四川大学博物馆藏品集萃

藏传佛教艺术卷

【图18】

绿度母袖珍唐卡

年代：清

质地：布

尺寸：长9厘米，宽7厘米

主尊呈少女相，全身绿色，一面二臂，现慈悲相。头戴五佛宝冠，身佩百宝，着绿色天衣，全身发射金色光芒，以示庄严。右手向外置于右膝上，结施愿印，持乌巴拉花；左手置于胸前，亦持乌巴拉花。赤足，右足呈蹲踏状，左足蜷曲，坐于莲月宝座上。

大威德金刚唐卡

年代： 清
质地： 布
尺寸： 长77厘米，宽58.5厘米

【图19】

　　主尊位于画面中心偏上，其最上方为达赖喇嘛与班禅喇嘛法像，他们两边为密集金刚与胜乐金刚；主尊头部两边为六臂大黑天与二臂大黑天；其下方为四臂大黑天与六臂大黑天；主尊莲座两旁为吉祥天母及阎王；主尊下方为四臂大黑天、多闻天王等各类格鲁派护法神。

　　此幅唐卡画面壮观，线条流畅，布局合理，色彩分明，是一幅有关格鲁派诸护法神的勉塘画派精品唐卡。

　　大威德金刚，梵文Yamāntaka，亦称阎曼德迦、怖畏金刚、牛头明王、大威德明王。藏文Rtho rje 'jigs byed，为文殊菩萨之化身。大威德金刚具有九头，代表九种镇魔的大乘经典；三眼，意为千里眼，无所不见。居中之头为黑色，表阎王；右三头，左黄、中青、右红，象征安静、愤怒、权势三德能；左三头，左黑灰、中白、右灰，表示愤怒、清净、死亡；居中再上为红头，象征是吃人夜叉；最高一头为黄色，呈现文殊本相，象征慈善平和。除最上面的菩萨头戴华丽的珠宝冠外，其余八面都戴五骷髅冠。水牛脸和两只牛角代表幻身与明光的教法，这是密续教法的精髓。部分日本东密人士则认为其为阿弥陀佛的化身。

【图20】

单坚护法神唐卡

年代：清
质地：布
尺寸：长46厘米，宽29厘米

主尊一面二臂，右手持金刚杵，左手持宝瓶，三只慧眼，发红黄炽燃，獠牙呲咧，头戴竹帽，身着红袍，脚穿靴子，身骑黑驴，火焰纹背光。

主尊上方有释迦牟尼佛及格鲁派高僧，另外还有金刚总持与护法；下方是以阎王为主的诸护法。

鎏金六臂玛哈嘎拉金刚唐卡

年代： 清

质地： 布

尺寸： 长72厘米，宽38.5厘米

　　黑唐卡，鎏金，主尊一面六臂，三只慧眼，獠牙呲咧，黄发卷曲，五骷髅作冠，蓝身，腰系虎皮裙，六手各持佛珠、法杖、双面鼓等法器，赤足，右腿屈，左腿伸直，站立于象身上。主尊上下方主要有金刚萨埵、达赖喇嘛、班禅喇嘛、度母、护法等。

　　主尊大而有力，线条流畅，从其圆形背光来看，应受了钦则画派的影响。

　　大黑天，梵文Mahākāla，藏文Nag po chen po，又意译为大黑、大黑神或大黑天神等，或直译为摩诃迦罗、莫诃哥罗、玛哈嘎拉等。该神本是婆罗门教湿婆的变身，后为佛教吸收，成为其护法神，特别是在密宗中，大黑天是重要的护法神。藏传佛教认为，大黑天是毗卢遮那佛（梵文Maha Vairocana，藏文Rnam pa snang mdzah）降魔时呈现出的忿怒相。

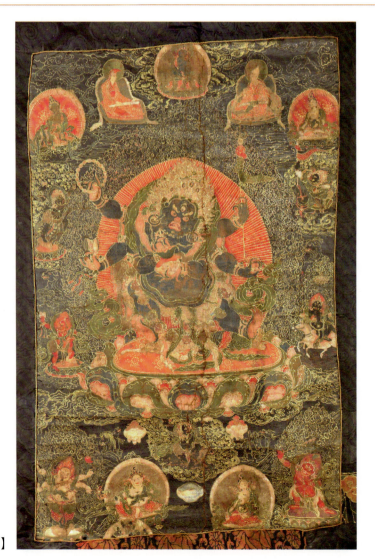

【图21】

【图22】

六臂玛哈嘎拉袖珍唐卡

年代：清
质地：布
尺寸：长9厘米，宽7厘米

　　主尊一面六臂，三目怒睁，蓝肤色，身披白象皮，遍体发出火焰。左右第一手捧骷髅碗、执钺刀；左右第二手向上抓着象脚，左手持三叉戟，右手握骷髅念珠；右第三手执骷髅鼓，左第三手捻索子。腰围虎皮裙，身上缠绕着蛇及骷髅腰带，象征其能降伏龙王、药叉。两足左屈右伸，踩踏象王，威立于莲座上。

普巴金刚黑唐卡

年代： 清
质地： 布
尺寸： 长72厘米，宽53厘米

　　主尊一面二臂，三只慧眼，獠牙呲咧，黄发卷曲，五骷髅作冠，身着黑长袍，右手持红色长柄金刚橛，左手托颅骨碗，右腿屈，左腿伸直，站立于尸体上。

　　主尊上方主要有双修金刚总持、无量寿佛、莲花生大士、宗喀巴大师等菩萨与祖师，下方主要有多闻天王、马明王、吉祥天母等护法神。

　　此幅唐卡以黑色为基底，用纯金色勾勒，点缀少量色彩或象征性的晕染出人物的主要结构及明暗对比，意趣神秘而深沉，这就是藏传佛教艺术中极具特色的又一种绘画形式"纳唐"，（藏文 Nag thang），即"黑唐"。

　　普巴金刚，"普巴"二字为藏语，其意为"橛"，以本尊手中所持主要法器为三棱尖锐的利器，故古有"金刚橛"之称，而今通称为"普巴杵"。"普"字表空性之义，"巴"字表智慧，普巴即空性与智慧和合成不二体性。普巴法的修持，在于断除一切我执之贪欲，消除内心之恐惧，最终达到了悟自我内心之本性而得以解脱。

【图23】

四川大学博物馆藏品集萃

藏传佛教艺术卷

【图24】

普巴金刚织绣唐卡

年代：清
质地：绸缎
尺寸：长69厘米，宽36厘米

主尊为普巴金刚，忿怒相，火焰纹背光，右手托血颅骨碗，左手持普巴，身着长袍，右脚伸而左脚屈，站立于尸体上。法座前为供品及供养人。

"国唐"按其使用的丝绢材料，可以分为绣像、丝面、丝贴、手织、版印等不同种类，此幅属于"国唐"中的"绣像"类唐卡。

金刚手袖珍唐卡

年代：清
质地：布
尺寸：长9厘米，宽7厘米

主尊为金刚手，一面二臂三目，身黑蓝色，头戴五股骷髅冠，金发上扬，须眉如火，三目圆睁，獠牙露齿，卷舌，十分怖畏。右手结期克印，持金刚杵，左手结忿怒拳印，持金刚钩绳当胸，以骨饰与蛇饰为庄严，绿缎与虎皮为裙，赤足，双足右屈左伸，威立于莲月宝座上，于般若烈焰中安住。

金刚手，又名秘密主，梵文Vajrapāṇi，藏文Phyag na rdo rje，属金刚部，因手持金刚杵而得名。为大势至菩萨的忿怒化身，亦称"大力尊"。金刚手代表诸佛神通大能。相传龙树菩萨入南天铁塔内取出的密教圣典，就是金刚手所结集的。金刚手形象有多种，此为最常见的一种。佛教认为其具足威势权力，制服诸魔外，能消灭一切地水火风空所生之灾难，信众一切所求，无不如愿成就。

【图25】

多闻天王唐卡

年代： 清

质地： 布

尺寸： 长37厘米，宽28厘米

　　主尊为多闻天王，一面二臂，黄肤色，半怒相，宝冠顶髻，外穿犀甲，腰束金带，脚蹬犀纹靴，右手持法幢，左手托吐宝鼠，白狮坐骑，金线纹背光。主尊上方为四臂观音、宗喀巴大师、文殊菩萨三尊像；主尊周围为八尊不同的多闻天王，其下方为骑龙财神、黄财神等各类财神像。相传此类多闻天王由吐蕃赞普木迪赞普从赤松德赞处听受，后传承之。

　　此幅唐卡明暗分明，线条流畅，画工精湛，可谓绝妙。

　　多闻天王，又名毗沙门天，梵文Vaiśravaṇa，藏文Rnam thos sras。在佛教的四大天王中，毗沙门天为北方的天王，由于其乐善好施，又称为财宝天王。在藏传佛教中他是五方佛中的宝生如来的化身，在汉传佛教中他是观世音菩萨的化身，修持、供养此尊，将增进福祉，消灾解厄。

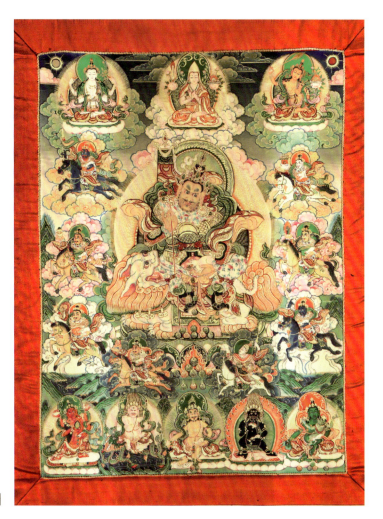

【图26】

象鼻天财神唐卡

年代：清
质地：布
尺寸：长206厘米，宽136厘米

【图27】

　　主尊为象鼻天，一面十二臂，红肤色，绿象头，火焰纹背光，各手持法器，赤足，双足右屈左伸，结半跏趺，以舞姿站于吐宝鼠之上。主尊上方为祖师画像和文殊菩萨像。相传此类象鼻天是由玛尔译师洛珠札巴从杭都嘎波听受而发展的。

　　此幅唐卡画面宏大，画工细腻，应为勉塘画派大型精品唐卡。

　　象鼻天，又名象头神，印度教中的智慧之神，主神帝释与邬摩夫人的儿子。由于他负责统领众伽那（Gaṇa，一群侍奉湿婆的、喜欢搞怪的小神），因此又名群主，即伽那之主。对象鼻天的崇拜非常广泛，并不局限于印度，如西藏地区的藏传佛教亦视其为财神。

宗喀巴大师唐卡

年代：清
质地：布
尺寸：长66厘米，宽45厘米

主尊为宗喀巴大师，黄肤色，头戴黄色班智达帽，身着喇嘛装；右手结施愿印并持莲花宝剑，左手结期克印并持莲花经卷，赤足，结金刚跏趺坐于莲花座上。

主尊周围主要是描绘宗喀巴大师的有关传记故事，各故事情景旁均有藏文题记予以说明。唐卡背面标记唐卡序号为"左一"，因此，我们可以推测出此幅唐卡应该属于一套唐卡中左边的第一幅。

此幅唐卡画工精致，线条流畅，结构严谨，在同类题材的新勉塘派唐卡中属于难得的精品。与本馆所藏唐卡【图32】为同一套。

宗喀巴大师（1357-1419），藏文 Tsong kha pa，意为宗喀人，法名罗桑札巴，意为"善慧"，藏传佛教格鲁派创始人。其弟子克珠杰·格勒巴桑开班禅喇嘛转世之先河，另一弟子根敦朱巴即达赖喇嘛转世之初尊。他是藏传佛教一代祖师，藏族人认为其是三怙主的化身。

【图28】

莲花生皈依境唐卡

年代： 清

质地： 布

尺寸： 长73厘米，宽50厘米

【图29】

主尊为莲花生大士双修像，莲花生大士穿着蓝色的长袖长袍，一般称为"咒师衣"，外披红色披风，头戴莲花帽，怀中拥抱的是智慧空行母益西措嘉。益西措嘉佛母手执钺刀和颅骨碗。钺刀的象征意义是破除修行者的贪、嗔、痴，颅骨碗象征把永恒的、成就的甘露加持赐予众生。

主尊最上方为大圆满传承的本初佛普贤王如来，其下方为报身佛金刚萨埵、化身佛极喜金刚、文殊友、师利胜哈、嘉那苏札、贝玛密扎以及莲花生大士；其旁边为吐蕃赞普赤松德赞、大译师毗卢遮那、空行母益西措嘉，他们均为莲花生大士的大弟子，也就是所谓的"王臣友"；接着就是遍知一切的圣者龙钦巴祖师、持明无畏洲、吉美林巴大师、吉美赤乃俄色和法座益西降措等大圆满传承的诸上师。

主尊右边为菩萨众，站立于莲花树上，以文殊菩萨、金刚手菩萨（大势至菩萨）和观世音菩萨三大法王子为首的八大菩萨；左边为罗汉众，以舍利子、目犍连为首的声闻八大圣者僧众。诸罗汉皆白肤色，身着三法衣，手持钵与锡杖，呈站立状。

主尊下方有四排护法及本尊像：第一排分别为苦自解脱、热炅、朗能、南塔、邓珠以及大乐佛母等；第二排为达炅、正意神、文殊阎摩敌、吉祥胜尔金刚、志康嵩若巴、美钦多杰须以及狮面佛母等本尊像；第三排为持明五双修、三世佛、五空行母；第四排为吉祥天母、红桄护法、骑虎怙主、持钺刀护法、中性护法、护法主、阿噶嘉尼、热玛扎、热玛支、热玛杜、尸林天神等护法神。

此幅唐卡布局宏大，画面细致、结构合理，属于勉塘画派风格的精品唐卡。特别值得一提的是，此唐卡在诸佛、菩萨、上师以及本尊护法画像边皆注有各自的法号，其中在上师法号后还注有其师徒传承的排列顺序编号，这对于我们辨认宁玛派诸神法号及其传承顺序有很好的辅助作用。目前修持此法门的僧众以及图像学研究者除了对大家熟知的护法神的法号及图像有一定的研究以外，对其他护法神还没有系统的研究，图像与尊号的对应性研究也还做得不够，甚至可以说基本是空白，亟待加强。非常幸运的是，此幅唐卡对每一尊护法都注明名称，并且各自具有不同的图像特征，因而对于研究宁玛派传承及本尊护法系统具有极高的文献价值。

【图30】

宗喀巴大师唐卡

年代：20世纪
质地：布
尺寸：长48厘米，宽30厘米

主尊为宗喀巴大师，头戴黄色班智达帽，双手结说法印，身着喇嘛装，赤足，结半跏趺坐于法座上，右臂旁为宝剑饰，左臂旁为经卷莲花饰。主尊左右为其两大弟子，面向主尊，结跏趺坐。主尊最上方为释迦牟尼佛和弥勒佛像，下方为大威德金刚及在供座前做供养状的一高僧像。此高僧可能是达赖喇嘛或班禅喇嘛。其下方书有藏文宗喀巴礼赞，每行诗的首字为宗喀巴的名字，书写风格独特。

此幅唐卡的主尊位于中心偏右方，因此，我们可以断定它是某一套唐卡中的一幅，应该位于这套唐卡的右边。另外，我们从其主尊周围保留较多空间，营造出如禅风般静谧悠远的意境来判断，其应为噶玛嘎孜画派的精品唐卡。

年代：清

质地：布

尺寸：长68厘米，宽45.5厘米

主尊为宗喀巴大师，黄肤色，头戴黄色班智达帽，身着喇嘛装，右手结期克印并持莲花宝剑，左手结禅定印并托钵，赤足，结金刚跏趺坐于莲花座上。

主尊周围主要是描绘宗喀巴大师的有关传记故事，各故事情景旁均有藏文题记予以说明。唐卡背面标记唐卡序号为"右四"，因此，我们可以推测此幅唐卡应该属于一套唐卡中右边的第四幅。

此幅唐卡整体画工精致，线条流畅，结构科学，从其严谨的布局和高超的上色技法（平涂法）来看，在同类题材的唐卡中属于非常难得的新勉塘画派精品。与本馆所藏唐卡【图30】应为一套。

【图31】

格鲁派皈依境唐卡

年代： 清

质地： 布

尺寸： 长87.3厘米，宽60厘米

主尊为宗喀巴大师，黄肤色，头戴黄色班智达帽，身着喇嘛装，右手结与愿印并持莲花宝剑，左手结定印并托钵，赤足，结金刚跏趺坐于莲花座上。主尊上方，右边为广行传承上师，左边为深见传承上师。据《传承上师祈请文》记载，广行派上师人数多于深见派上师，且位置也较高，而非行者修持的高低。从法的角度来看，"菩提心恩德大"。因此，广行传承上师的位置略高于深见传承上师。

主尊下方依次是上师、无上瑜伽、瑜伽、行、事部的本尊，十方三世诸佛、菩萨、缘觉、声闻及护法，堪称格鲁派的修行体系。

此幅唐卡画面宏大，画工精湛，是一幅难得的精品唐卡。

【图32】

班禅大师唐卡

年代： 清
质地： 布
尺寸： 长76厘米，宽53厘米

　　主尊一面二臂，头戴黄色班智达帽，身着喇嘛装，右手持双面鼓，左手持金刚铃，结跏趺坐于藏垫上，金线龙纹式背光。主尊周围绘有大师传记故事。

　　此幅唐卡每个小图旁都有藏文题记，画面精美，分布有序，注重细节，工艺精湛，是一幅难得的传记类唐卡，对于研究藏传佛教教法史及班禅大师传记有较高的文献价值。

【图33】

【图34】

胜乐金刚坛城唐卡

年代: 清

质地: 布

尺寸: 长45厘米，宽36厘米

这是一幅胜乐金刚坛城唐卡，坛城中央圆环内最中间为胜乐金刚，四面十二臂二足，四面三慧眼，主面蓝肤，右前侧面黄肤，左前侧面绿肤，左后侧面红肤，四种颜色分别象征佛部的四种智慧。主身蓝色，主二手结金刚吽迦罗印，交握金刚杵和金刚铃，代表"智悲"结合；其余的手以期克印持各种持物：金刚钺刀、金刚三叉戟、长柄金刚斧、金刚骷髅杖、金刚套索、人头皮双面鼓、嘎巴拉碗、梵天头等。以展立姿站于莲台上，足下践踏两位印度天神，象征佛教胜于印度教。主尊与明妃均为忿怒相，彼此对视，嘴唇碰触，身体相拥。主尊周围为幻化像。坛城整体为方形，主色调为红、蓝两色。坛城最上方为金刚总持与大成就像，下方为金刚亥母、狮面佛母等像。

此幅唐卡线条流畅，结构合理，绘工精细，属于勉塘画派风格。

文殊九宫八卦图唐卡

年代： 清

质地： 布

尺寸： 长68厘米，宽48厘米

【图35】

画面中心为九宫八卦图。其上方，中央是佛教密乘主掌智慧、慈悲、力量的三怙主，即文殊、观音、金刚手三大菩萨。其中间为阿弥陀佛、无量长寿佛。九宫八卦图分为三圈：外圈是十二生肖，表十二地支，配合天干演化成六十甲子。中圈是八卦：离、坤、兑、乾、坎、艮、震、巽，象征火、地、泽、天、水、山、雷、风等性质与自然现象。内圈是按龟背的九宫，分为九宫。圈外有一怒目、獠牙、卷舌的四手凶神，就是掌理日月星宿年月日时的罗睺，俗称太岁星君。左下方的咒轮是一切音声的韵母及缘起咒。作为增长善缘、福德，吸收日月天地间的精华。右下方的咒轮是回遮一切违缘，作依阴阳五行成九宫的遮止咒轮。文殊九宫八卦图是西藏密宗祖师莲花生大士，聚集梵、藏、汉三地破各种凶煞之镇宅安居妙宝而成，将此咒牌悬挂于大门上或屋内，可防范因人、事、物、风水、地理所产生的任何凶煞。它能阻挡一切奇灾异祸，趋吉避凶，转祸为福，百无禁忌。于宅内安居者，不论求财、婚姻、子嗣，皆能增善缘而生生不息，灭恶缘而无灾祸，祛疾病而添寿。

画面下部分描绘有八吉祥及转轮王七财宝等吉祥图案，以示其能使信众合家平安，加官晋爵，招财进宝，福寿绵长，安和乐利，百事皆宜，吉祥如意。

格萨尔王及三十员大将唐卡

年代：民国年间
质地：布
尺寸：长45厘米，宽31.5厘米

主尊为格萨尔王，白肤色，头戴插有三角旗的头盔，身着蓝色盔甲，右手高举马鞭，左手托如意宝，并系缰绳，脚上穿着粉色马靴，红色坐骑呈奔跑状。主尊上方为阿弥陀佛、四臂观音、莲花生大士像；周围环绕三十员大将，均身着盔甲，手持长矛与马鞭，坐骑呈奔跑状，姿态不一，生动有力，栩栩如生。

此幅唐卡主要描绘格萨尔王及其三十员大将，在同类题材中属于非常难得的噶玛嘎孜画派精品唐卡。

【图36】

年代：约1957年

质地：布

尺寸：长77厘米，宽38.5厘米

此幅唐卡主要分上下两部分，上部分为铭文，下部分为白描画。整个画面被红色条纹分割为三部分，画面整体呈长方形。上部分铭文为藏文抄写体，内容大意为：愿如阿难化象服侍国王、成就同类一样，供养佛法及利益众生。下部分画面，上方为白描山峰及树木，下方为一棵大树，旁边站立着一头大象。

此幅唐卡没有装裱，只有画心部分，整体上很有中原山水画的风格特点。因此，笔者认为其属于新的唐卡艺术风格。

另外，有关供养人与供养对象的铭文记载为："供于使者万班仁波切座下，索南次仁献。"铭文中提到的供养人索南次仁（1898-1967），汉名索观瀛，出身于汶川县瓦寺土司世家，承袭马尔康县卓克基第十七代土司职。1954年被选为全国人大代表，同时任全国政协委员。1955年2月任阿坝州副州长兼经济处处长。1957年3月，经四川省人民政府批准，索观瀛率全家去西藏朝佛，随身携带黄金、白银等贵重物品，对拉萨、日喀则等地大寺庙做了布施和捐赠，并分别拜见达赖喇嘛和班禅喇嘛。

四川大学博物馆收藏有一套索观瀛供养的唐卡，这套唐卡是研究民族地方志及土司制度不可缺少的实物资料，具有很高的收藏及学术研究价值。

【图37】

薄伽梵化鸟唐卡

年代：约1957年
质地：布
尺寸：长77厘米，宽42厘米

　　此幅唐卡没有装裱。画面主要分上下两部分，上部分为铭文，下部分为白描画。整个画面被红色条纹分割为三部分，画面整体呈长方形。上部分铭文为藏文抄写体，内容大意为：如薄伽梵化鸟利益众生，趋入正道，建立十善法一样，愿此生功德圆满，利益众生。下部分为画面，主要描绘湖边有一棵大树，树上有一只鸟做起飞状。

【图38】

罗汉化猴唐卡

年代： 约1957年
质地： 布
尺寸： 长76厘米，宽38厘米

此幅唐卡主要分为上下两部分，上部分为铭文，下部分为白描画。整个画面被红色条纹分割为三部分，画面整体呈长方形。上部分铭文为藏文抄写体，内容大意为：如罗汉化猴利益众生，乐降世间一样，愿除垢得神变，如同目犍连。图画部分主要绘有一只长颈猴在松树上嬉戏。

此幅唐卡没有装裱，只有画心部分，整体上很有中原山水画的风格特点。

【图39】

薄伽梵化兔唐卡

年代： 约1957年

质地： 布

尺寸： 长76厘米，宽38厘米

此幅唐卡主要分为上下两部分，上部分为铭文，下部分为白描画。整个画面被红色条纹分割为三部分，画面整体呈长方形。上部分铭文为藏文抄写体，内容大意为：如薄伽梵化兔，调化国王，建立十善法后，世间获得安宁，吉祥圆满。精进修持教法，愿成就舍利子等同智慧。图画部分主要绘有一棵松树，其下站立着一只白兔。

画面整体描写细腻，画风简洁雅致。

【图40】

第二部分

印画类

佛陀十二宏化之王子诞生印画

年代： 清
质地： 藏纸
尺寸： 长74厘米，宽50.5厘米

【图41】

　　主尊摩耶夫人右手扶无忧树，左手叉腰，着少女装，表情轻松，姿态优雅。其左右环绕着侍女。此印画主要描绘摩耶夫人按当地习俗回娘家生子的途中产下王子的情景。此印画在人物与植物绘画工艺上非常娴熟，布局合理，堪称绝妙，应为德格印经院普布泽仁所制印板类印画，极其珍贵。

　　德格第四十二代王旦巴次仁时期，有位技艺非凡的画师普布泽仁，人们赞誉其为工巧天毗首羯摩的化身，他继承和发扬的新勉塘画派在康区享有盛名。他绘制了二胜六严、十八罗汉、佛陀十二宏化等众多唐卡范本。这套范本画影响极大，远远超出德格地区，整个雪域高原都把它视为最出色的准则。四川大学博物馆所藏佛陀十二宏化类印画均为上述印板所制印画，具有极高的收藏价值及学术研究价值。

四川大学博物馆藏品集萃

藏传佛教艺术卷

佛陀十二宏化之受用眷妃厌世离家印画

年代：清
质地：藏纸
尺寸：长75厘米，宽52厘米

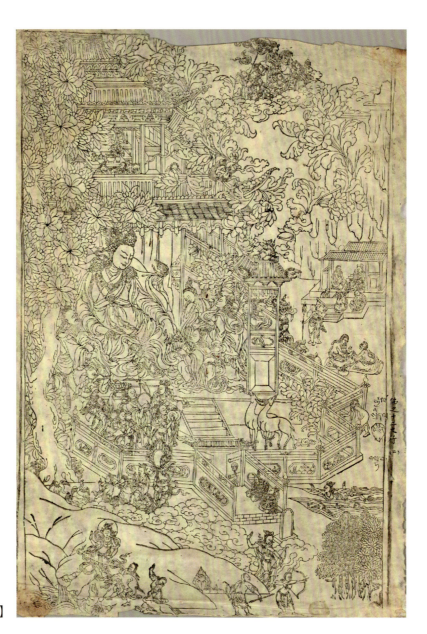

【图42】

主尊身着王子服饰，结半珈趺坐于宝座上，左右围绕着美丽女子，做服侍及供养状。皇宫内宫殿金碧辉煌，树木葱茏，鸟语花香。以此体现皇宫的奢侈生活和美女也无法腐蚀悉达多的心，他一心向往修行，普度众生。

此印画线条优美，布局合理，在风格上应该属于德格印经院木刻板印画。

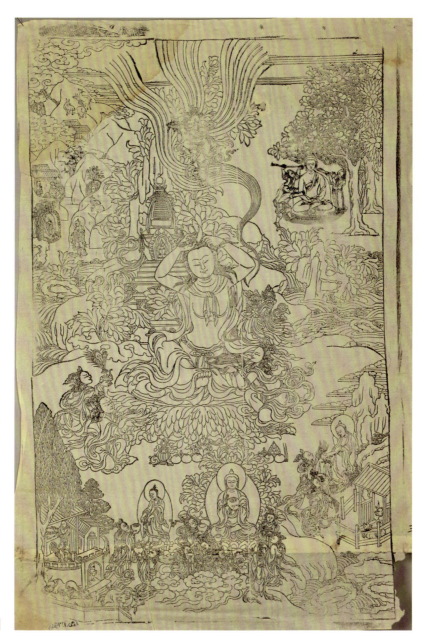

【图43】

佛陀十二宏化之削发出家印画

年代：清

质地：藏纸

尺寸：长74厘米，宽51.5厘米

主尊一面二臂，相好庄严，现少年相，双手高举做削发状。上身裸露，下身着长裙，结半跏趺席地而坐。主尊上方为佛修行的情景，下方为诸神供养佛祖的情景。

此印画主要描绘佛祖29岁时，由于悟出世间的"生、老、病、死"之痛，遂于九月十五日半夜，骑上具咒良驹，带领仆人车匿，悄悄走出宫门，来到清净塔前，自己削发，自然出家的情景。

佛陀十二宏化之降魔印画

年代： 清
质地： 藏纸
尺寸： 长73厘米，宽50厘米

　　主尊右手结触地印，左手结禅定印，身着湿身衣，结金刚跏趺坐，背光上绘有各类魔兵手持兵器扰乱佛心的情景。

　　从主尊的衣着及形体刻画方式来看，此印画应是受了萨瓦特风格的影响。

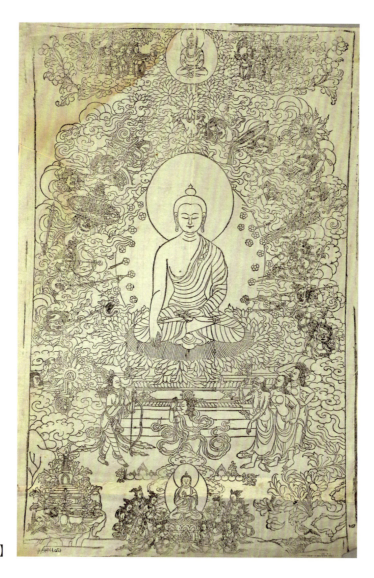

【图44】

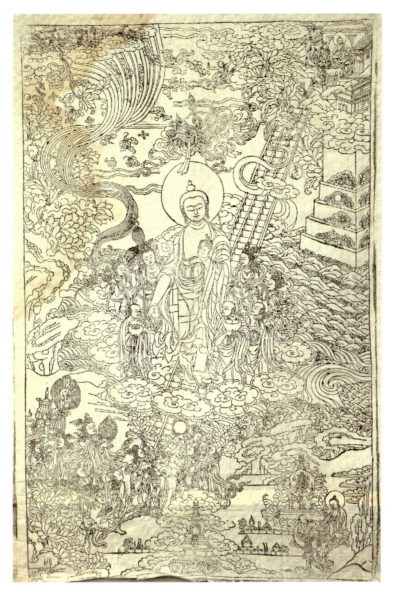

【图45】

佛陀十二宏化之天降印画

年代：清
质地：藏纸
尺寸：长73厘米，宽51厘米

　　主尊右手结施愿印，左手结说法印，身着长袍袈裟，做下天梯状。主尊周围为手持珍宝迎接佛的诸菩萨及佛弟子。
　　此印画主要描绘佛上天界给生母说法毕，重返婆婆世界的情景。画面生动，栩栩如生。

佛陀十二宏化之涅槃印画

年代： 清
质地： 藏纸
尺寸： 长73厘米，宽51厘米

　　主尊侧身北首而卧，身着袒右袈裟，入涅槃。主尊上方绘有诸菩萨来朝拜的神奇景象。座前为其弟子，做顶礼或悲痛致哀状。

【图46】

四川大学博物馆藏品集萃

藏传佛教艺术卷

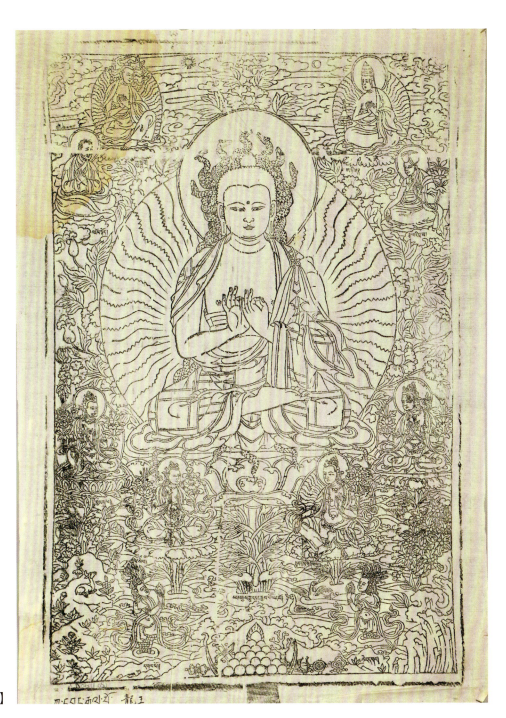

【图47】

龙王佛印画

年代：清
质地：藏纸
尺寸：长54厘米，宽38厘米

主尊一面二臂，高肉髻，无冠，头顶七蛇呈伞状，双手结说法印，结金刚跏趺坐于莲花宝座上，身着袒右袈裟，梵行风范，相好庄严。主尊上方为龙树、阿底峡、仲郭巴、达波拉杰四位上师像，下方为弥勒观音、除盖障菩萨、观世音菩萨、文殊菩萨等像。

就此印画所体现的教义而言，应为噶举派传承。

萨迦派诸护法神印画

年代：清
质地：藏纸
尺寸：长64厘米，宽50.5厘米

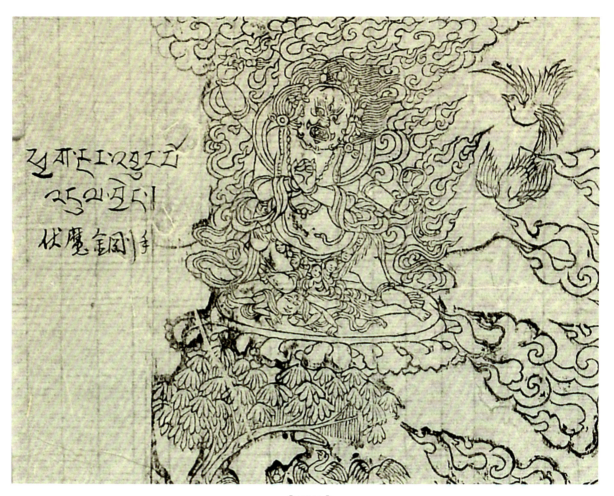

【图48】

主尊为宝帐护法，一面二臂，右手执弯刀，左手持颅骨碗对着心间上下，双手持幻化打木；三只慧眼，獠牙呲咧，怒发卷曲；戴五骷髅佛冠，佩戴五十只滴血顶骨串成的璎珞，腰系蛇带，着虎皮裙。以坐姿立于尸体之上。主尊上方依次为金刚总持、喜金刚、却斯婆罗门、萨钦贡噶尼布、俄钦贡噶。右边为伏魔金刚、领队者、巴棍见护法等；左边为赫迦扎底佛母、领队者等；下方依次为尸林主父母、列棍男、列棍女、战门女王、八珠、喀八女罗刹、布札、多闻天王和乐艾白哲等神。相传布札就是龙树授予达玛巴拉，再由仁青桑布从达玛巴拉处听受而后传承。

此印画诸神像旁均有藏汉双语铭文，对于我们了解和研究萨迦派宝帐护法系统有较高的史料价值。

陵派胜乐金刚印画

年代： 清

质地： 藏纸

尺寸： 长72厘米，宽51厘米

　　主尊为胜乐金刚，四面十二臂，各面均有三只慧眼，十二只手各持法器，正前方双手分执金刚铃与金刚杵，并搂着赤身佛母，火焰纹背光，腰系虎皮裙。周围环绕着相同的双修胜乐金刚及佛母。

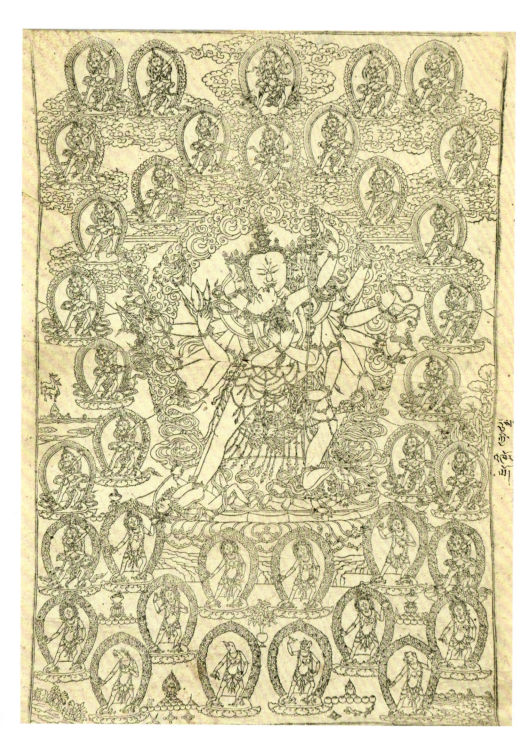

【图49】

长寿三尊佛印画

年代： 清
质地： 藏纸
尺寸： 长66厘米，宽45.8厘米

　　主尊为无量寿佛，一面二臂，双手结定印并托住长寿宝瓶，发结顶髻，相好庄严，身着法衣，佩戴百宝，结金刚跏趺坐于莲月宝座上。主尊周围环绕着十六组长寿三尊，下方分别为白度母与尊胜佛母像。

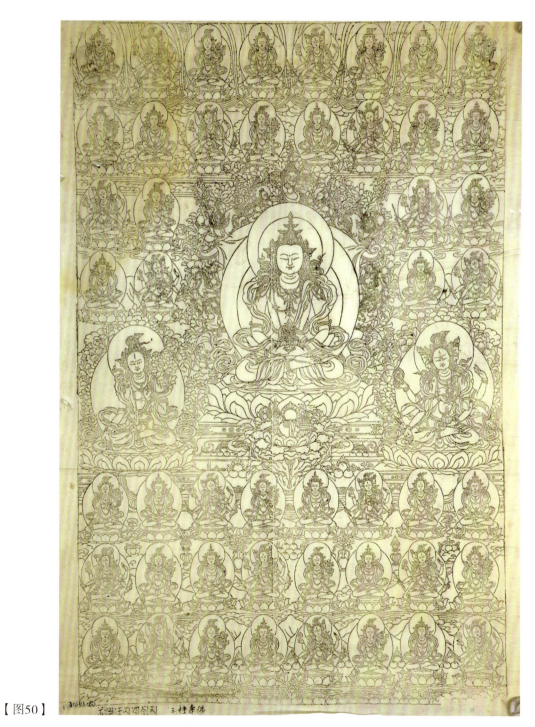

【图50】

【图51】

金刚鹏经轮印画

年代：清

质地：藏纸

尺寸：长45厘米，宽58厘米

　　三只呈站立状大鹏鸟，其手心及羽毛上均写有咒语，胸前为两个咒语经轮，头部左右各有一尊金刚手。

　　相传大鹏金翅鸟降生之时，身光赫奕，各路天神误认为它是火天而顶礼膜拜。古印度神话"天龙八部"中的"迦楼罗"是大鹏鸟的异名。佛教传入中国后，被命名为大鹏金翅鸟。此类大鹏鸟经轮主要用于除病消灾。

贡噶让布大师普贤轮印画

年代： 民国年间
质地： 藏纸
尺寸： 长84厘米，宽27厘米

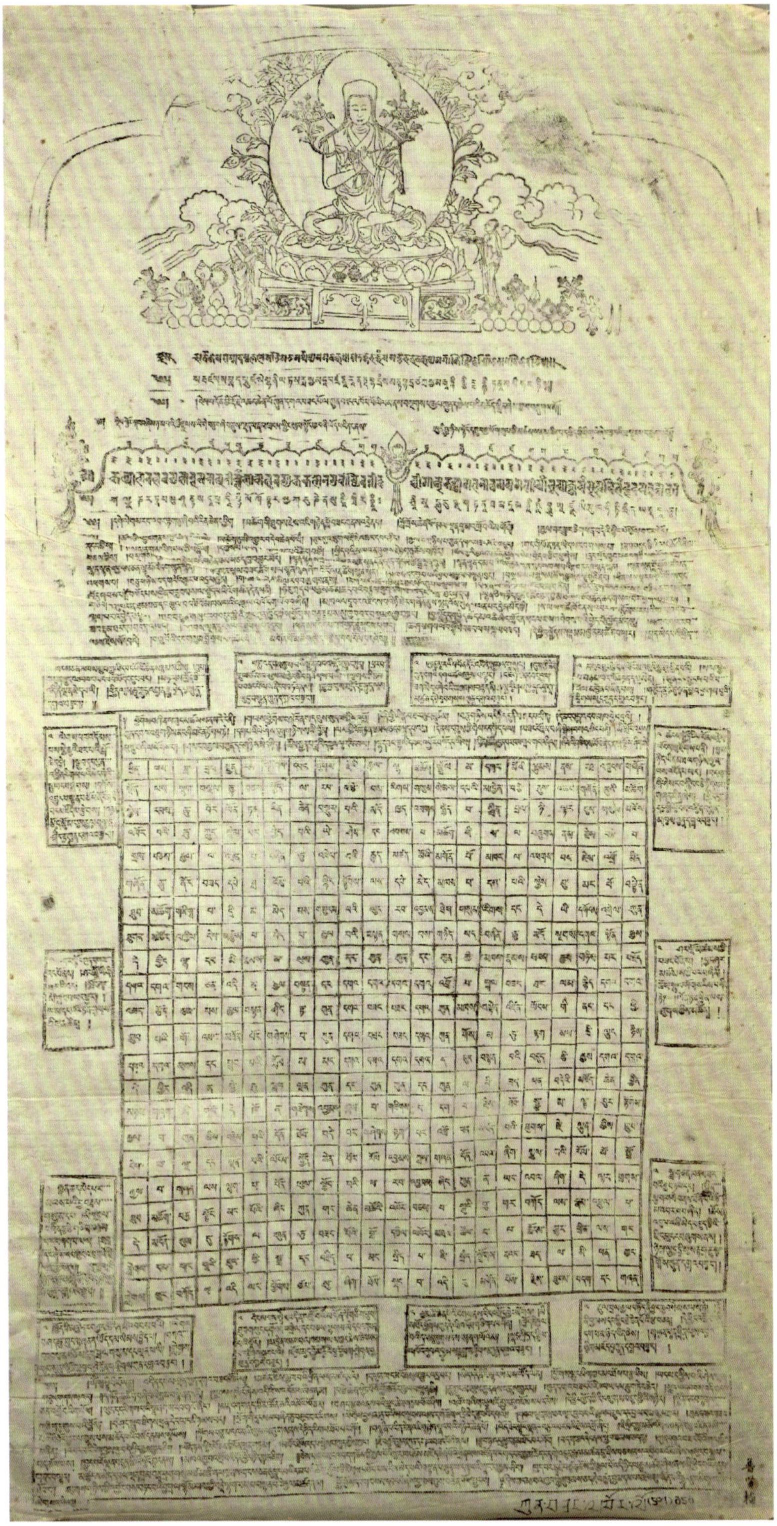

印画顶部为贡噶让布大师的法像，中间部分的方格表里写满礼赞文。该礼赞文有一大特点：读者可以任意从不同方位阅读，而其所表达的内容不一。方格表周围的小方格中主要记载大师的略传。大方格下方的祈祷文主要记载此印画原木印板的出处。据其记载，该印画的原木印板是由德格印经院大管家昂旺降措和喇嘛降泽布丁两人所制。

【图52】

图
录

69

第三部分

纸画片类

纸画片，藏文：Tsa ka li，即"孜各利"，是一种藏式袖珍画片。它多为寺庙或家中供养，有时在讲解佛经的意义及传授各类灌顶仪轨时使用。

无量寿佛布画片

年代：清
质地：布
尺寸：长14.4厘米，宽10.3厘米

双手施禅定印，黄色法身，着绿色法衣，结跏趺坐于莲花座上。绿色背光，边缘为黄色花纹。上空有祥云，背面有藏文礼赞文。

此藏品绘画技艺一般，但其背面藏文礼赞文对于研究无量寿佛本身具有非常高的文献价值。

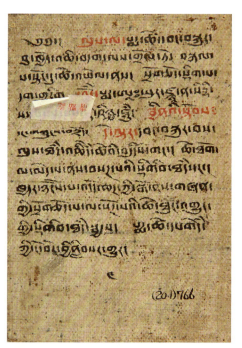

【图53】

文殊菩萨纸画片

年代： 清

质地： 藏纸

尺寸： 长13厘米，宽11.5厘米

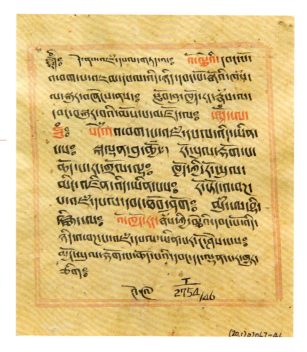

　　一面二臂，黄肤色，身着红色法衣，红色飘带，右手持宝剑，左手施说法印，结半跏趺坐于红色方座上。绿色背光。背景为蓝天、绿山。背面有藏文礼赞文。

　　此藏品画工古朴，线条简洁，给人一种清净平和的感觉。

　　文殊菩萨，藏文'jam dpal，即文殊师利，佛教四大菩萨之一，代表智慧。因其德才超群，居菩萨之首，故称法王子。

【图54】

【图55】

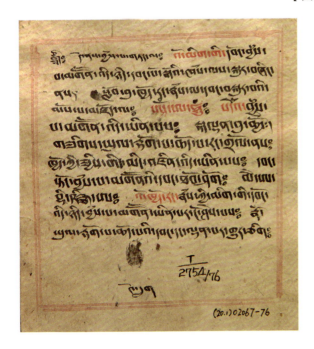

弥勒菩萨纸画片

年代：清
质地：藏纸
尺寸：长12.7厘米，宽11.7厘米

　　一面二臂，现少女相，白肤色，身着红色法衣，右手高举，左手持金刚铃，赤足，结半跏趺坐于红色方座上，全身发射绿色光芒。背景为蓝天、绿山。背面有藏文礼赞文。

普贤菩萨纸画片

年代：清

质地：藏纸

尺寸：长11.7厘米，宽12.7厘米

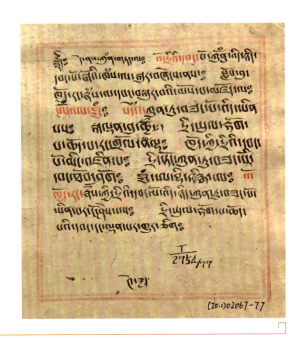

一面二臂，现少女相，黄肤色，头戴法冠，身着红色法衣，右手持莲花，左手持法铃，结半跏趺坐于红色方座上。全身发射绿色光芒。背景为蓝天、绿山。背面有藏文礼赞文。

【图56】

除味障度母纸画片

年代：清
质地：藏纸
尺寸：长12.5厘米，宽11.5厘米

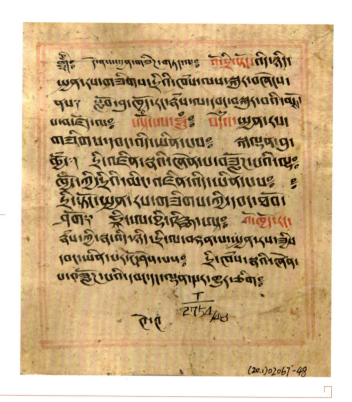

一面二臂，红肤色，身着黄色法衣及白色云肩，右手持莲花，左手持法铃，结半跏趺坐于红色方座上。背景为蓝天、绿山。

藏品背面的藏文礼赞文中提到：该观音是一尊祛除味欲的观音，若修行者接受此观音的灌顶，就能祛除味障之苦。

【图57】

四川大学博物馆藏品集萃

藏传佛教艺术卷

除音障度母纸画片

年代: 清
质地: 藏纸
尺寸: 长13厘米,宽12厘米

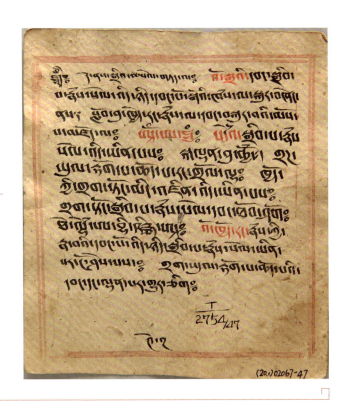

一面二臂,绿肤色,现少女相,身着黄色法衣,红色飘带,右手持莲花,左手持法铃,半结半跏趺坐于红色方座上。绿色背光。背景为蓝天、绿山。

背面有本尊的藏文礼赞文,礼赞文中提到,该度母是一尊除音障度母,如修行者接受该度母的灌顶,就能祛除听力障碍。

【图58】

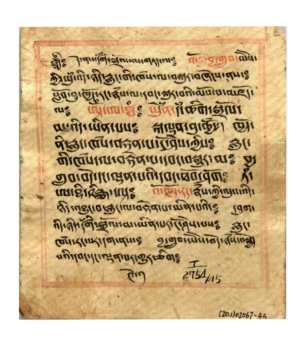

除病度母纸画片

年代：清
质地：藏纸
尺寸：长13厘米，宽12厘米

　　一面二臂，绿色法身，着红色法衣，黄色飘带，结跏趺坐于粉色莲座上。红色背光。背景为蓝天、绿山。

　　背面有本尊的藏文礼赞文，礼赞文中提到，若修行者接受该度母的灌顶，就能永葆健康。

【图59】

【图60】

毗沙门天王布画片

年代：清
质地：布
尺寸：长14.4厘米，宽10.3厘米

一面二臂，头戴法冠，身着长袍，黄肤色，右手结施愿印，左手持吐宝鼠，赤足，结半跏趺坐。黄色背光，法座前供有法螺及如意宝。

背面有其藏文名称。画工精湛，形象生动，堪称精品。

七政王之一绀马宝纸画片

年代: 清

质地: 藏纸

尺寸: 长9.3厘米,宽8厘米

白体蓝鞍,鞍上驮有珍宝。周围绘有蓝天、绿地。背面有藏文名称。

绀马具有神马的三十二相,与"风马"一样,可以毫不费劲地迅速奔跑,能在一天之内绕行南赡部洲三次。

上师给弟子传授密乘灌顶后,以画片等授予弟子,行七政宝、八瑞相、八瑞物等"结行灌顶",以致安慰、喜庆之意。

【图61】

【图62】

五顶骨冠纸画片

年代： 清

质地： 藏纸

尺寸： 长13.5厘米，宽11厘米

　　画面主图为五顶骨冠，红色法冠上镶有白色颅骨，红色飘带，背景为蓝天、祥云、绿地。背面有藏文名称。

　　各本尊由于事业有所不同，其所戴冠也有五佛冠、宝冠、丝冠及花冠等多种。此类五顶骨冠象征空乐五慧。

宝冠纸画片

年代： 清
质地： 藏纸
尺寸： 长12.5厘米，宽10.3厘米

红色法冠上镶有绿色如意宝，蓝色飘带。背面有藏文名称。

【图63】

【图64】

金刚法铃纸画片

年代：清
质地：藏纸
尺寸：长13.5厘米，宽11厘米

画面主图为白色法铃，红色柄，立于粉色莲花树上，绿色背光，边沿为红色。背景为蓝天、祥云、绿地。背面有藏文名称。

金刚法铃，藏文Dril bu，代表"般若波罗蜜多"的阴性，象征空性智慧的结晶，直接体现着空性。

金刚杵纸画片

年代：清

质地：藏纸

尺寸：长13.5厘米，宽11厘米

【图65】

画面主图为金刚杵，黄色金刚杵立于红色莲座上，系有红黄飘带，背光为绿色。画面背景为蓝天、祥云、绿地。画片边沿为红色，背面有藏文名称。

金刚杵，梵文Vajra，藏文Rdo rje，曾音译为伐折罗、缚日啰、伐折啰、跋折啰、伐阇啰等，又叫做宝杵、降魔杵等。原为古代印度之武器。由于质地坚硬，能击碎各种物质，故称金刚杵。在藏传佛教密宗中，金刚杵象征着无坚不摧的智慧，它可以断除各种烦恼，摧毁所有障碍，为密教诸尊之持物或瑜伽士修道之法器。

法器纸画片

年代： 清
质地： 藏纸
尺寸： 长13厘米，宽10厘米

　　彩绘六大法器：金刚橛、颅骨碗、金刚杵、长矛、毒蝎、法斧。画面背景为绿色，背面有各法器之功能及法力介绍。

　　我们从其背面的藏文铭文中可以得到很多有关藏传佛教密宗法器的信息。

第四部分

造像类

金刚手铜造像

年代： 约13世纪

质地： 铜

尺寸： 高18厘米，宽6.5厘米

一面二臂，面容娟秀，神态优雅，现少女相，杏眼圆睁，头戴三叶式宝冠，束发高耸，右手下垂并持金刚杵，左手持粗大莲花茎，赤足，直立于莲花座上。

此尊形体消瘦，手持法器略显笨拙，双足如棒，动态较板直，莲瓣简略宽肥，莲花座造型古朴，是较为典型的藏西后弘初期之作品。

【图67】

金刚手铜造像

年代：约13世纪
质地：铜
尺寸：高15.5厘米，宽6.5厘米

一面二臂，杏眼圆睁，头戴高宝冠，左手托立金刚杵，右手握绳纹装饰的细飘带，双腿如棒，膝部呈球形，着紧身下裙，直立于四方莲花台座之上。

整体造型稚朴，比例似乎不太协调，但并不拙劣，而是给人一种儿童画般的感觉，纯朴可爱，富有童趣。其形态、衣饰皆具典型的西藏西部之早期风格。

【图68】

【图69】

莲花手观音铜造像

年代： 约13~14世纪
质地： 青铜
尺寸： 高17.2厘米，宽7.7厘米

　　一面二臂，现少女相，头戴宝冠，左手持莲花，右手施接引印，右侧竖有莲花。背光饰镂空叶纹。

　　由塔形台座和紧身下裙判断，此尊应为尼泊尔风格造像之佳作。

【图70】

　　一面二臂，三慧眼，高肉髻，国字脸，身着袒右袈裟，双手结定印，结金刚跏趺坐于莲花座上。通体鎏金，背部有残洞，无底盖。

　　此尊做工精湛，莲花瓣宽厚饱满，衣纹线条精细流畅，头大而身体略偏小，皆系典型的明末清初造像之风格特点。

　　阿弥陀佛，梵文Amitābha，藏文'od dpag med，又称无量光佛。大乘佛教各宗派均信奉阿弥陀佛，认为其是西方极乐世界的佛。而净土宗则以专心信仰阿弥陀佛为其主要特征。在藏传佛教中，班禅喇嘛被认为是阿弥陀佛的化身。

高僧铜造像

年代：明末清初
质地：黄铜
尺寸：高12.5厘米，宽9厘米

一面二臂，无冠，国字脸，右手施说法印，左手结定印并托《菩提道次第广论》经书。身着喇嘛装，全身以大袍包裹，安住于方形双层藏式座台之上。通体鎏金。

此尊技法极为写实，造型准确，厚重有力，衣纹线条流畅，令人惊叹。我们从主尊手中所持经书名称，大致可以推断其为格鲁派某位高僧之造像。

此尊应该属早期西藏中部造像风格。

【图71】

阎王铜造像

年代：明

质地：铜

尺寸：高16厘米，宽12厘米

一面二臂，呈忿怒相，右手持骷髅棒，左手执法绳，整体呈"S"形，赤足，右足屈而左足伸，威立于坐骑牛身上。

此尊造型饱满，形象生动，具有元代造像的诸多特点，堪称佳作。

【图72】

观音站立铜造像

年代：明
质地：铜
尺寸：高20厘米，宽9厘米

一面二臂，现少女相，头戴宝冠，右手施说法印，左手托宝瓶，整体形态呈"S"形，上着天衣，下着长裙，赤足，站立于莲花座上。

此尊体态丰腴，工艺精湛，下裙宽而贴身，衣纹流畅，应为汉风之明代造像精品。

【图73】

金刚手铜造像

年代： 明

质地： 铜

尺寸： 高24厘米，宽14.5厘米

【图74】

　　一面二臂三目，黄肤色，头戴五股骷髅冠，发赤上扬，须眉如火，獠牙露齿卷舌，三红目圆睁，十分怖畏。右手高举，施期克印，持金刚杵；左手结忿怒拳印，持金刚铃于胸前。以骨饰与蛇饰为庄严，黄缎与虎皮为裙，双足右屈左伸，威立于莲月宝座上。

　　此尊体态丰腴，风格雄浑，气势磅礴。

　　金刚手又名秘密主，梵文Vajrapāṇi，藏文Phyag na rdo rje，属金刚部，因手持金刚杵而得名，为大势至菩萨的忿怒化现，亦称"大力尊"。代表诸佛神通大能，能制服诸魔外道，消灭地水火风空所生之灾难，信众一切所求，无不如愿成就。

鎏金观音铜造像

年代： 明
质地： 铜
尺寸： 高20厘米，宽13厘米

一面二臂，现少女相，国字脸，右手结定印，法器残失，左手施说法印。鎏金，法冠上刻有佛像一尊。以其铸造风格，应为汉式佛造像。

通常菩萨造像左手结定印，其右手施说法印，此尊刚好相反，有铸造失误之嫌，笔者认为其很有可能是一尊仿明造像的败品，但从其衣饰、神态等细微之处来看，又不失为一件佳品，因此，姑且视其为明代作品，不妨将其作为汉风藏传佛教造像败品的实物资料。

【图75】

四川大学博物馆藏品集萃

藏传佛教艺术卷

四臂观音铜造像

年代：明

质地：铜

尺寸：高19厘米，宽12.5厘米

一面四臂，金肤色，黑发结顶髻，头戴花蔓宝冠，以阿弥陀佛为顶严，佩戴耳饰、项饰、胸饰、手镯、脚钏等珠宝八饰，脸型饱满，柳叶细眉微微弯曲，双目微阖，自然下视，嘴唇紧闭，呈慈悲相。主臂两手于胸前结合掌印并托摩尼宝珠；另外两手，右手持水晶念珠，左手施期克印，八瓣白莲花已残失。身着天衣，结跏趺坐于莲月宝座上。以菩萨慧眼凝视众生，凡被其观者尽得解脱。

藏传佛教认为，如修此尊，易得佛力，实现后生投生极乐世界的愿望。

【图76】

金刚亥母铜造像

年代：明

质地：黄铜

尺寸：高23厘米，宽10.3厘米

一面二臂，三慧眼，右手托狮子，左手持金刚斧，吉祥结为璎珞，身体呈"S"形，右足结跏趺，左足踏在一魔身上，单立于圆形莲花座上。

此尊姿态独特，形象生动，制作精美。

金刚亥母，藏文Ddo rje dpa'mo，一位女性神祇。在藏传佛教噶举派中，她为女性本尊之首，玛尔巴、米拉日巴、冈波巴等诸位大成就者均依止她为本尊；在格鲁派中，她是三大本尊之一的上乐金刚的明妃；而在大多数情况下，她只是一位地位较低的护法神。她重要的身份标志是头侧长有一猪首。

【图77】

四川大学博物馆藏品集萃

藏传佛教艺术卷

莲花生大士铜造像

年代：清
质地：黄铜
尺寸：高46厘米，宽32厘米

一面二臂，头戴莲花宝冠，面部有锈迹，右手施与愿印，左手结定印并托宝瓶，身着长袍，足穿靴，结跏趺坐于莲花座上。

此尊工艺精湛，线条流畅，堪称精品。

莲花生，梵文Padmasambhava，藏文Pad ma 'byung gnas，或译莲华生大士。莲花生大士本是八世纪印度那烂陀寺僧人，后应寂护论师与吐蕃赞普赤松德赞之邀入藏创立僧团，后人尊称为莲师，被称为第二佛陀。他所带入的密法称为前译派，为今藏传佛教宁玛派所信奉。

【图78】

东方阿閦佛铜造像

年代： 清

质地： 铜

尺寸： 高19厘米，宽15厘米

　　一面二臂，慈眉善目，高肉髻，右手结触地印，左手结定印，着袒右湿身法衣，赤足，结金刚跏趺坐于莲月宝座上。

　　此尊体态丰腴，工艺精湛，莲瓣细而饱满，系典型的明代萨瓦特风格之佳作。

　　阿閦佛，梵文 Akṣhobhya，藏文 Mi bsyod pa，意为"不动佛"，因其菩提心坚定不动如山，故名。另外，也有无嗔恚的意思。

【图79】

【图80】

东方阿閦佛铜造像

年代：清
质地：青铜
尺寸：高18厘米，宽11厘米

一面二臂，相好庄严，高肉髻，右手施触地印，左手施禅定印，着袒右湿身法衣，赤足，结金刚跏趺坐于莲月宝座上。莲月宝座面上放置有一支金刚杵。

此尊工艺精湛，形象生动，体态丰腴，莲瓣细而饱满，系典型的萨瓦特风格之精品。

多闻天王铜造像

年代：明末清初
质地：铜
尺寸：高10厘米，宽6厘米

　　一面二臂，双目圆睁，呈半忿怒相，头戴宝冠，上身裸露，下身着裙；右手持宝珠，左手托吐宝鼠，右足踩在座外法螺之上，左足单结跏趺坐于莲花座上。

【图81】

【图82】

释迦牟尼佛铜造像

年代： 清
质地： 铜
尺寸： 高20.8厘米，宽13厘米

一面二臂，三慧眼，相好庄严，高肉髻，双手施说法印，着袒右湿身法衣，赤足，结金刚跏趺坐于莲月宝座上。

此尊工艺精湛，线条流畅，莲瓣宽而扁，整体风格有萨瓦特遗风。

鎏金宝生佛铜造像

年代： 清

质地： 铜

尺寸： 高15厘米，宽9.5厘米

【图83】

　　一面二臂，高肉髻，右手结施愿印，左手施禅定印，着袒右湿身法衣，赤足，结金刚跏趺坐于莲月宝座上。此尊人物体态丰腴，莲瓣饱满，衣纹线条流畅，系典型的萨瓦特风格之精品。

　　宝生佛，梵语Ratnasambnava，藏文Rin chen 'byung ba，汉译又作宝生如来，密教金刚界五佛之一，通称为南方宝生佛或南方福德聚宝生如来。在显教经典中，则往往称为南方宝幢佛或南方宝相佛。他代表毗卢遮那佛的"平等性智"，也代表佛法微妙之德。

无量寿佛铜造像

年代： 清

质地： 铜

尺寸： 高32厘米，宽20厘米

　　一面二臂，相好庄严，头戴宝冠，双手结定印并托长寿宝瓶，身着天衣，佩戴百宝，以示庄严，赤足，结金刚跏趺坐于莲花座上。背光顶部浮雕大鹏鸟，其下浮雕莲花纹及两尊小佛像；背光背面阴刻梵文字母，以示其传承之清净。

　　此尊工艺娴熟，人物形象生动，堪称佳作。

【图84】

弥勒菩萨铜造像

年代： 清
质地： 铜
尺寸： 高12厘米，宽8厘米

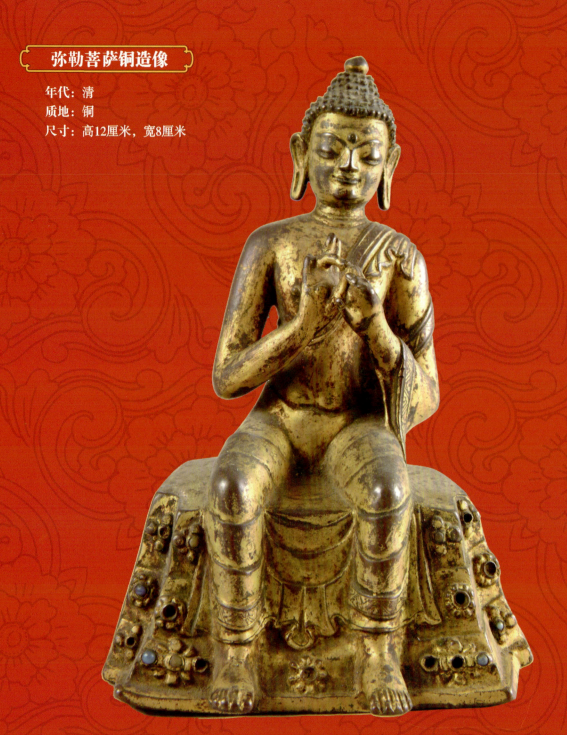

【图85】

　　一面二臂，相好庄严，高肉髻，着袒右湿身法衣，双手施说法印，倚坐于积木形法座之上。
　　此尊做工精致，衣纹细致，写实性强，从其衣纹及法座形状上皆能发现萨瓦特遗风。
　　弥勒菩萨，梵文Maitreya Buddha，藏文Byams pa，意译为慈氏，音译为梅呾利耶、梅怛俪药，大乘佛教八大菩萨之一，大乘佛教经典中又被称为阿逸多菩萨摩诃萨，是释迦牟尼佛的继任者，常被尊称为弥勒佛。他被唯识学派奉为鼻祖，其庞大的思想体系由无著、世亲菩萨阐释弘扬。

文殊菩萨铜造像

年代： 清

质地： 黄铜

尺寸： 高12.7厘米，宽8.6厘米

【图86】

　　一面二臂，现少女相，头戴宝冠，身着天衣，右手结施愿印，左手施无畏印，右臂旁立有宝剑，左臂旁立有莲花经卷，结跏趺坐于莲花座上，整体呈"S"形。

　　此尊工艺精湛，形象生动，栩栩如生，线条精细流畅，制作精美。

　　文殊菩萨，梵文Manjuśri，藏文'jam dbyangs，译为"妙吉祥"，又称文殊师利或曼殊室利，佛教四大菩萨之一，代表智慧。因其德才超群，居菩萨之首，故称法王子。文殊菩萨在道教中称文殊广法天尊。

文殊菩萨铜造像

年代：清
质地：铜
尺寸：高9.5厘米，宽6.5厘米

一面二臂，现少女相，头戴宝冠，身着天衣，佩戴百宝，双手施说法印，右臂旁立有宝剑，左臂旁立有莲花经卷，赤足，结跏趺坐于莲月宝座上。背光饰云纹。

【图87】

文殊菩萨铜造像

年代：清

质地：黄铜

尺寸：高14厘米，宽11厘米

【图88】

一面二臂，三慧眼，慈眉善目，现少女相，头戴宝冠，右手持宝剑，左手施无畏印，身着天衣，赤足，结金刚跏趺坐于莲花上扬台座之上。背光浮雕卷草纹。

背面底部有支架残留痕迹，由此我们基本可以推断此尊并非独立的造像，而是某一大型造像之配件。

十一面观音铜造像

年代：清
质地：铜
尺寸：高28厘米，宽20厘米

十一面，现少女相，主六臂各持法器，其余手形成扇形背光，赤足，站立于莲月宝座上。

十一面观音，梵文Ekadaśamukha，藏文Spyan ras gzhigs，六观音之一，主救济阿修罗道，给众生以除病、灭罪、增福之现世利益，引众生入佛道之菩萨。

【图89】

【图90】

弥勒佛铜造像

年代：清
质地：黄铜
尺寸：高23厘米，宽8厘米

一面二臂，三慧眼，面相慈善，现少女相，头戴宝冠，冠正面立有一小塔，冠侧两侧的缯带分垂于两肩上，右手下垂，左手结说法印，上身裸露，细腰，下身着扇形长裙，佩戴百宝，身绕帛带，赤足，立于莲花上扬之圆形台座上。其左侧立有一株莲花树，其上饰一宝瓶。

持法轮菩萨铜造像

年代： 清
质地： 铜
尺寸： 高20厘米，宽12厘米

　　一面二臂，现少女相，头戴宝冠，身着天衣，佩戴百宝，双手结定印并托法轮，赤足，结金刚跏趺坐于方形宝座之上。镶嵌红珊瑚珠及绿松石等宝珠，火焰纹背光及头光。

　　此尊做工细腻，形象生动，制作精美。

【图91】

绿度母铜造像

年代：清

质地：青铜

尺寸：高14厘米，宽4.5厘米

一面二臂，面部鎏金，现慈悲相，头戴宝冠，身佩百宝，着天衣，上身裸露，下身着裙，以示庄严。右手向外置于右膝上，结施愿印；左手置于胸前，结期克印并持乌巴拉花。右足呈蹑踏状，左足蜷曲，坐于莲月宝座上。

此尊体态丰腴，形象生动，线条流畅，有尼泊尔造像之遗风。

绿度母，梵文 Tārā，藏文 Sgrol ljang，全称圣救度佛母，我国古代称多罗菩萨、多罗观音。度母有许多不同的化现，包括二十一度母、五百度母等，皆为观世音菩萨之化身。绿度母即二十一尊度母之一，为所有度母之主尊。

【图92】

【图93】

绿度母铜造像

年代：清
质地：青铜
尺寸：高15厘米，宽9厘米

　　一面二臂，面部镀金，现慈悲相，头戴五佛宝冠，身佩百宝，着天衣，上身裸露，下身重裙，以示庄严。右手向外置于右膝上，结施愿印；左手置于胸前，结期克印并持乌巴拉花。右足呈踯踏状，左足蜷曲，坐于莲月宝座上。
　　此尊工艺精湛，衣纹细腻，堪称佳作。

莲花手观音铜造像

年代：清
质地：青铜
尺寸：高85.5厘米，宽37厘米

一面二臂，现少女相，头戴宝冠，大耳上佩戴卷草纹长耳环，右手施说法印并持莲花，左手下垂并持莲花，上身裸露，下着长裙。

此尊整体呈"S"形，体态丰腴，工艺精湛，堪称精品。

【图94】

【图95】

大威德金刚铜造像

年代： 清
质地： 青铜
尺寸： 高16厘米，宽15厘米

人身牛首，黄发上冲，呈怒相，九头，三十四臂，十六腿。主臂双手分别持尖刀和颅骨碗，并怀抱明妃——明妃为双臂、双腿、单面，其余各手呈扇形展开。身挂骷髅头，脚踏魔人，威立于圆形莲台之上。

大威德金刚，又称大威德怖畏金刚、牛头明王，是藏密无上瑜伽宝生部三本尊之一，也是藏传佛教格鲁派所修本尊之一。密宗典籍中说："有伏恶之势，谓之大威；有护善之功，谓之大德。"

【图96】

金翅鸟铜造像

年代： 清

质地： 铜

尺寸： 高23.6厘米，宽13.5厘米

　　鸟首人身，头有两角，角间有如意宝，火焰发，金睛如灿。自颈下为人形。神鸟双手牵毒蛇（象征龙族），口啄蛇身，背有双翅，腰系羽裙，足踏龙魔（龙魔双手持螺），站在莲台上。

　　大鹏金翅鸟，又叫迦楼罗鸟，意为羽毛美丽者。系印度神话之鸟。在佛教中，为八部众之一，翅翮金色，两翼广三三六万里，住在须弥山下层。据《长阿含经》卷十九记载，此鸟有卵生、胎生、湿生、化生四种，常取卵胎湿化之诸龙为食。

六臂大黑天双修铜造像

年代：清
质地：铜
尺寸：高16厘米，宽15厘米

　　一面六臂，呈忿怒相，头戴五股骷髅冠，红色怒发，三目圆睁，大嘴如盆，主臂左手托骷髅碗，右手持金刚钺并拥抱明妃，其所持法器与单身像相同。明妃右手持钺，左手持嘎布拉碗，左腿勾住主尊的腰，右腿伸直。主尊两足张开，站立于毗那耶迦身上。

【图97】

四川大学博物馆藏品集萃

藏传佛教艺术卷

【图98】

高僧铜造像

年代：清

质地：黄铜

尺寸：高22厘米，宽17厘米

　　一面二臂，慈眉善目，国字脸，双手施说法印，身着喇嘛装，赤足，结金刚跏趺坐于莲月宝座上。

　　此尊衣纹华丽，线条流畅，莲瓣细而饱满，工艺精湛，堪称清代造像精品。

【图99】

护法铜造像

年代：清
质地：铜
尺寸：高23.6厘米，宽13.5厘米

一面二臂，呈忿怒相，三目圆睁，大嘴如盆，露出两颗虎牙，上身着人皮，下身披虎皮，左手托骷髅碗，右手持金刚钺，赤足，两足张开，侧身骑坐于一头骡子身上。

【图100】

阿秘特尊者铜造像

年代： 清

质地： 青铜

尺寸： 高20厘米，宽17厘米

　　一面二臂，相好庄严，双手托佛塔，赤足，左足结半跏趺，右足舒展，趺坐于方座之上。

　　此尊造像写实性极强，工艺娴熟，线条流畅，属于典型的藏东造像风格之精品。

　　阿秘特尊者生于王舍城，婆罗门族，自幼善良聪慧，精通吠陀，世称慈悲第一。其双手托菩提塔，经云：这是世尊为了驯服凶恶的夜叉而赠予的。若依此尊，心生善意，敌寇不伤，功德殊胜。

噶玛巴·旺秋多吉铜造像

年代： 清
质地： 青铜
尺寸： 高11厘米，宽8厘米

一面二臂，头戴噶玛巴黑帽，左手托十具相法轮，右手施触地印，身着喇嘛装，坐于四方双层法座上。台座背面有藏文阴刻铭文"Rje btsun dam ba dbang phyug rdo rje la na mo"，意为"向尊者旺秋多吉顶礼"。

此尊造像写实性极强，线条流畅，制作精美，系藏东造像风格之精品。

噶玛巴·旺秋多吉（1556—1603），藏文Dbang phyug rdo rje，第九世噶玛巴尊者。

【图101】

布敦·仁钦珠铜造像

年代：清

质地：铜

尺寸：高11厘米，宽7.5厘米

【图102】

　　头戴僧帽，肩插花枝，右手拈莲茎于胸，右手拈花枝于胸，结跏趺坐于长方形双层法座上。法座正面刻有金刚杵。鎏金，铜铸。

　　布敦·仁钦珠（1290—1364），藏文Bu ston Rin chen 'Grub，又译为卜思端，仁钦珠为其法名，意译为宝成，生于后藏夏麦衮奈（今萨迦县吉定乡），为元代藏传佛教萨迦派高僧。

　　尊者早年参学西藏各派显密法门，并跟从数位阿阇黎学习。后居夏鲁寺，翻译《记论迦罗波经释》《金刚甘露释难》《金刚藏庄严释难》《大菩提塔样尺寸》等，并著有《吉祥胜乐根本续大疏》《善逝教法史》《续部总目录》《论著译典目录》《如意珠自在王鬘》《如意珠宝箧》等著作。其弟子根据其学说，形成夏鲁派。

宗喀巴大师铜造像

年代： 清

质地： 黄铜

尺寸： 高11厘米，宽6厘米

一面二臂，黄肤色，头戴班智达帽，身着喇嘛装，双手结说法印并持莲茎，赤足，结金刚跏趺坐于莲花座上。

此尊人物形象生动，技艺娴熟，应为清中期藏东高僧造像。

【图103】

【图104】

一世达赖喇嘛铜造像

年代：清

质地：铜

尺寸：高15厘米，宽10.5厘米

尊者一面二臂，相好庄严，头戴高尖班智达帽，身着喇嘛装，右手结说法印，左手结定印并托经书，结金刚跏趺坐于藏式台座上。

第一世达赖喇嘛根敦珠巴（Dge 'dun vgrub pa，1391—1474），藏传佛教格鲁派大活佛。出生于后藏萨迦县赛曲河流域的霞堆牧场，祖上是从康区迁来的牧民，姓额巴氏。父名官波多吉，母名觉莫南吉，有兄弟四人，他排行第三。他一生注重讲经说法、培养弟子，故著述不多，著名的有《正法毗奈耶经广因缘集》《毗奈耶根本大疏》《释量论注疏》《量理庄严论》《入中论注释》等。

唐东杰布铜造像

年代： 清
质地： 铜
尺寸： 高10厘米，宽7厘米

尊者披长发，蓄长须，神态肃穆，右手持八节铁索于膝，左手持螺于腹，坐于莲花座上。

唐东杰布（1385—1464），明代著名建筑师，藏戏的开山鼻祖。藏族人民历来把他视为创造藏戏的戏神和修建桥梁的铁木工匠的祖师，他是藏族人民心目中创新、智慧、力量的化身。

【图105】

【图106】

高僧铜造像

年代：清
质地：铜
尺寸：高14厘米，宽10厘米

　　一面二臂，相好庄严，头戴班智达帽，右手施说法印，左手结定印并托宝珠，身着喇嘛装，结金刚跏趺坐于莲花座上。
　　此尊形象生动，线条精细流畅，堪称佳作。

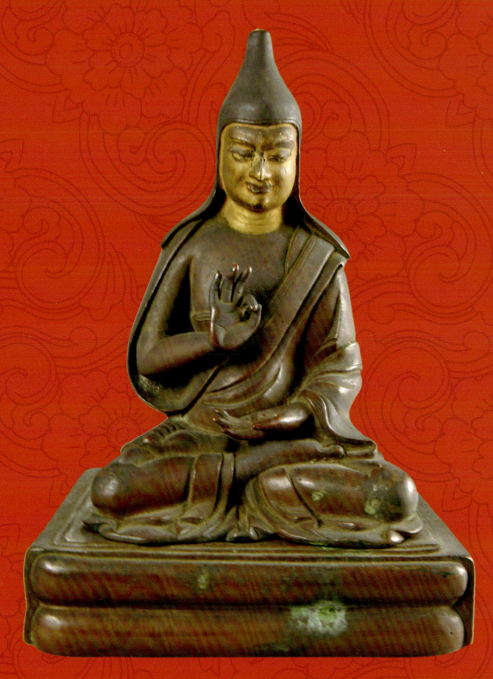

【图107】

鎏金高僧铜造像

年代：清
质地：青铜
尺寸：高18厘米，宽13厘米

　　一面二臂，面部鎏金，头戴高尖班智达帽，右手施说法印，左手结定印，赤足，结金刚跏趺坐于四方双层座上。

　　此尊写实性强，形象生动，线条流畅，制作精美。

释迦牟尼佛玉造像

年代： 清
质地： 白玉
尺寸： 高27.5厘米，宽23.5厘米

一面二臂，白肤色，相好庄严，矮肉髻鎏金，身着法衣，衣纹以金线描绘，右手施触地印，左手结定印，赤足，结金刚跏趺坐。

此尊工艺精湛，人物形象生动，衣纹线条流畅，极具技法之粹，具有汉式造像风格。

【图108】

年代： 清

质地： 瓷

尺寸： 高11厘米，宽7.5厘米

一面二臂，慈眉善目，现少女相，头戴鎏金宝冠，右手施与愿印，左手施说法印，身着天衣，佩戴百宝，右足舒展，垂于莲台边，左足结半跏趺坐于双层莲花高座之上。身体呈"S"形。左侧立有一株莲花树。

度母，梵文Tārā，藏文Sgro ma，全称圣救度佛母，古称多罗菩萨、多罗观音。绿度母为观世音菩萨的化身，系二十一尊度母之一。

【图109】

大威德金刚瓷造像

年代： 清

质地： 瓷

尺寸： 高7厘米，宽4厘米

【图110】

　　九面三十四臂，呈忿怒相，怒发，主臂左右手分别持钺刀和颅骨碗，并拥抱明妃。十六条腿压在阎王十六面铁城上，亦象征十六空相。右八腿屈，压八天王，象征物为男人、水牛、黄牛、鹿、蛇、狗、绵羊及狐，表示八成就；左八腿伸，压八女明王，象征物为鹫、枭、鸦、鹦鹉、鹰、鸭、公鸡及雁，表示八自在清净。该尊身相寓意为精通三十七道品，彻悟十六性空，障魔消尽，成就殊胜，得道大涅槃。

　　此尊做工细腻，线条精细流畅，构图巧妙，气势雄浑，堪称精品。

【图111】

金刚手瓷造像

年代： 清
质地： 瓷
尺寸： 高15厘米，宽14厘米

　　一面二臂，蓝肤色，呈忿怒相，怒发，右手金刚杵，左手结期克印并持法绳，赤足，以骨饰与蛇饰为庄严，虎皮为裙，双足右屈左伸，威立在莲月宝座上，于红色般若烈焰中安住。

　　此尊工艺精湛，线条精细流畅，形象生动，气势磅礴，堪称佳作。

彩色金刚亥母瓷造像

年代：清
质地：瓷
尺寸：高17厘米，宽7.5厘米

一面二臂，呈半忿怒相，头戴宝冠，上身裸露，下身披璎珞，右臂高举，右手残失，左手托颅骨碗于胸前。右足结跏，左足单立于一魔尸之上。莲花双层高法座，红彩法身及背光，鎏金衣饰。

金刚亥母，佛教金刚乘女神，属于空行母体系，胜乐金刚之配偶，起源于10~12世纪的印度。

【图112】

第五部分

擦擦类

彩绘释迦牟尼佛擦擦

年代： 约13~14世纪
质地： 陶
尺寸： 高8.6厘米，宽6.7厘米

　　一面二臂，黄肤色，相好庄严，蓝色高肉髻，身着红色法衣，右手结触地印，左手结定印，赤足，结金刚跏趺坐于莲月宝座上。黄色背光。主尊周围环绕着八大佛塔。擦擦边沿有梵文咒语。

　　此尊法衣为萨瓦特风格，工艺古朴，制作精美，保存完好，是非常难得的早期擦擦精品。

【图113】

【图114】

彩绘不动佛擦擦

年代： 清
质地： 泥质陶
尺寸： 高15厘米，宽8厘米

　　一面二臂，相好庄严，头戴宝冠，右手结触地印，左手结定印并托金刚杵，身着天衣，佩戴百宝，赤足，结金刚跏趺坐于狮子莲月宝座上。背光边缘阳刻有咒语。

　　此藏品造型别致，工艺细腻，形象生动，是清早期的擦擦精品。

无量寿佛擦擦

年代： 清（1832年）
质地： 泥质陶
尺寸： 高11厘米，宽8厘米

【图115】

　　一面二臂，慈眉善目，头戴宝冠，身着天衣，佩戴百宝，双手结定印并托长寿宝瓶，赤足，结金刚跏趺坐于莲座上。背部有藏文及梵文咒语，并注有题记："大清道光壬辰年敬造"。

　　此藏品人物体态丰满，工艺细腻，制作精美，整体为尼泊尔风格，可以视为清晚期的擦擦范本。

　　阿弥陀佛，梵文Amitabha，意译为无量寿、无量光，故阿弥陀佛亦称为无量寿佛、无量光佛。藏传佛教以阿弥陀佛之应化身为无量光佛，其报身为无量寿佛。

【图116】

三怙主擦擦

年代：清
质地：白陶
尺寸：高11.5厘米，宽8厘米

主尊为千手观音，左下角为金刚手菩萨，右下角为文殊菩萨。

此藏品结构合理，工艺细腻，制作精美，是非常难得的密宗三怙主类擦擦。

密宗三怙主通常指观音、文殊以及金刚手三大菩萨的造像组合。三者分别代表慈悲、智慧和力量，整体为十方佛三种功德的人格化身。

尊胜佛母擦擦

年代：清
质地：陶
尺寸：高3.2厘米，宽2.3厘米

一面六臂，头戴法冠，相好庄严，项戴珍宝璎珞，身着天衣，佩戴百宝。右第一手持四色羯磨杵（十字金刚）于胸前，第二手托莲座，上为阿弥陀佛，第三手持箭，第四手施愿印置于右腿前；左第一手结忿怒拳印并持绢索，第二手施无畏印，第三手执弓，第四手结定印并托甘露宝瓶。结跏趺坐于莲月法座上。

此藏品线条流畅，人物形象生动，工艺细腻，制作精美。

尊胜佛母，又称乌瑟腻沙尊胜佛母、顶髻尊胜佛母、佛顶尊胜佛母。佛经道：尊胜佛母是一尊救苦度难的女性菩萨。修持尊胜佛母法门，能增长寿命及福慧，消除无始以来一切罪业，免除一切凶灾。尊胜佛母属于长寿三尊之一，多供在无量寿佛之右，其左边为白度母，三尊象征福、寿、吉祥。

【图117】

【图118】

鎏金绿度母擦擦

年代： 清
质地： 泥质陶
尺寸： 高20厘米，宽14厘米

一面二臂，脸型圆润，现少女相，头戴五佛宝冠，佩戴百宝，上身着红色天衣，下身着裙，右手放右腿上，手指残失，左手施期克印并持莲花，右足伸出莲台外，左足结跏趺坐于彩色莲台上。绿色背光，背光上阴刻莲花纹。

此藏品人物体态丰满，婀娜多姿，做工精细，是典型的喀尔喀蒙古风格擦擦。

【图119】

喜金刚擦擦

年代: 清
质地: 陶
尺寸: 高6.6厘米,宽5.7厘米

主要刻有三尊护法神:喜金刚、六臂怙主、阎王。主尊法身略有脱落。线条流畅,制作精美。

喜金刚,梵文Hevajra,藏文Kyei'rdo rje,萨迦派最重要的本尊,亦即以喜金刚为本尊所修的生圆二次第的道果法。

金刚手擦擦

年代：清

质地：泥质陶

尺寸：长6.8厘米，宽5.7厘米

　　一面二臂，头戴五股骷髅冠，怒发上扬，须眉如火，獠牙露齿卷舌，三红目圆睁，十分怖畏。右手施期克印并持金刚杵，左手结忿怒拳印并持金刚钩绳于胸，以骨饰与蛇饰为庄严，下身着虎皮裙，赤足，双足右屈左伸，威立于莲月宝座上，于般若烈焰中安住。

　　金刚手，又名秘密主，梵文Vajrapāṇi，藏文Phyag na rdo rje，属金刚部，因手持金刚杵而得名，为大势至菩萨的忿怒化现。佛教认为修持金刚手菩萨法，有无量无边之不可思议之功德。

【图120】

【图121】

彩绘大威德金刚擦擦

年代：清

质地：陶

尺寸：高7.7厘米，宽6.6厘米

　　九面三十四臂，十六足，金肤色，呈忿怒相，手持各种兵器，右腿微屈，左腿伸直，足踏众魔，威立于莲花宝座上，于般若烈焰中安住。

　　此藏品保存完好，工艺精湛，线条流畅，人物生动，栩栩如生。

彩绘大威德金刚擦擦

年代： 清

质地： 陶

尺寸： 高7.2厘米，宽6.5厘米

此尊蓝色法身，呈忿怒相，手持各种兵器，右腿微屈，左腿伸直，足踏众魔，威立于莲花宝座上，于般若烈焰中安住。莲台底部阴刻有"om"字样。

此藏品工艺精湛，颜色鲜艳，制作精美，虽然顶部有后期修复遗迹，但仍不失为擦擦精品。

【图122】

鎏金大威德金刚擦擦

年代： 清

质地： 泥质陶

尺寸： 高8.8厘米，宽6.7厘米

九面三十四臂，十六足，金色法身，足踏八兽、八飞禽、八天王、八女明王，三十四臂排列成左右两个扇面形状，右腿弓膝，左腿绷直侧伸。背光及莲台为红色。

【图123】

四臂玛哈嘎拉擦擦

年代： 清

质地： 泥质黄陶

尺寸： 高8.1厘米，宽6.2厘米

【图124】

　　一面四臂，三目赤红圆睁，黄肤色，发如怒火上扬，须眉似焰炽燃，头戴五股骷髅冠，以鲜血人首为颈链，蛇饰骨饰为庄严，下身着虎皮裙，雄姿焕发，英勇威猛，以如意坐姿安立于莲月轮之上。四手分持宝剑、法铃、颅骨碗等法器。

　　此藏品线条流畅，工艺精湛，人物形象生动，制作精美，是一件非常珍贵的泥质陶类擦擦精品。

　　四臂玛哈嘎拉，全名"吉祥依怙四臂大黑天"，为胜乐金刚之化现，总摄一切诸佛之身、口、意、功德、事业、智慧，为主修胜乐金刚密乘行者之护法神。现忿怒相是为了降服自己的心魔，亦表无畏惧、无踌躇的解脱利乐一切众生，无异于慈悯大悲之显现；安住于烈焰中表示无敌不摧；足踏压罗刹尸体，表示烦恼与业障已尽除。修供玛哈嘎拉及一切护法，可免除魔碍业障，特别是嗔毒所造诸业。

年代：清

质地：泥质黄陶

尺寸：高8.4厘米，宽6.2厘米

右手持法幢，左手托吐宝鼠，头戴盔，身着将军装，赤足，结半跏趺坐于莲花座上。背光饰莲叶纹。

此藏品线条流畅，人物形象生动，风格独特，技艺超群，是一件非常难得的擦擦精品。

多闻天王，又名毗沙门天，藏文Rnam thos sras，是北方守护神，与东方的持国天王、南方的增长天王、西方的广目天王合称"四大天王"。同时，他也是佛教的护法神、知识之神、财神。

【图125】

彩绘阿底峡尊者擦擦

年代： 清
质地： 泥质陶
尺寸： 高14厘米，宽10厘米

【图126】

一面二臂，法身镀金，头戴红色班智达帽，头部略向左倾斜，身着红色喇嘛装，双手施说法印，赤足，结金刚跏趺坐于莲花高座上。蓝色背光。主尊左边为镀金灵塔，右边为修行袋。藏品背部装有法藏。

此藏品人物形象生动，工艺精致，是非常难得的历史人物类擦擦精品。

阿底峡尊者（982—1054），印度著名高僧。二十九岁出家，先后追随香蒂巴、那洛巴等印度著名大师，成为精通五明的大班智达。先后出任印度十八家寺院的住持。大师的学说以显宗为主，提倡戒律，尊尚净行，著有《菩提道灯论》共七十颂，阐述从学法到成佛的修习阶段和内容。在藏传佛教后弘期，该书提出的对于整个佛教的系统看法，为噶当派的形成奠定了思想基础。阿底峡尊者的主要著作有《密宗道次第解说》《菩提道灯论》《入二谛论》《中观教授论》《摄菩萨行炬论》和《发菩提心论》等50余种佛学论著，并与其他译师合作，将十余部经典翻译成藏文。

彩绘宗喀巴大师擦擦

年代： 清

质地： 泥质黄陶

尺寸： 高2.7厘米，宽2.2厘米

一面二臂，红肤色，头戴蓝色班智达帽，右手结触地印，左手结说法印，结跏趺坐于莲花座上。蓝色背光。

此藏品色彩鲜艳，工艺精湛，保存完好，是非常难得的擦擦精品。

宗喀巴大师（1357—1419），藏文 Tsong kha pa，意为宗喀人，法名罗桑札巴，意为"善慧"，藏传佛教格鲁派创立者，佛教理论家。青海湟中县人，因藏语称湟中（今塔尔寺所在地一带）为"宗喀"，故被尊称为宗喀巴。大师的著作颇丰，主要有《菩提道次第广论》《密宗道次第广论》《菩提道次第略论》《菩提道次第心论》《缘起赞五十八颂》《入中论善解密意疏》等。

【图127】

四川大学博物馆藏品集萃

藏传佛教艺术卷

鎏金宗喀巴大师擦擦

年代：清
质地：泥质黄陶
尺寸：高2.6厘米，宽2.2厘米

一面二臂，头戴班智达帽，身着喇嘛装，右手结触地印，左手结说法印，结跏趺坐于莲花座上。全身鎏金粉。

【图128】

彩绘宗喀巴大师擦擦

年代： 清
质地： 泥质黄陶
尺寸： 高2.6厘米，宽2.2厘米

【图129】

一面二臂，头戴班智达帽，身着喇嘛装，右手结触地印，左手结说法印，结跏趺坐于莲花座上。
此藏品保存完好，工艺精湛，人物形象生动，线条流畅，制作精美，是非常难得的擦擦精品。

彩绘宗喀巴大师圆形擦擦

年代： 清
质地： 泥质黄陶
尺寸： 直径3.7

【图130】

　　一面二臂，圆形，金色法身，头戴班智达帽，双手结说法印，身着喇嘛装，结跏趺坐于红色莲月座上。绿色背光。主尊周围环绕蓝色吉祥结光环。藏品背部阴刻有万咒之源梵文"om"字样。

　　此藏品工艺精湛，造型独特，非常具有收藏价值。

【图131】

彩绘宗喀巴大师擦擦

年代: 清
质地: 泥质陶
尺寸: 高14厘米,宽11厘米

　　一面二臂,相好庄严,金色法身,头戴班智达帽,身着金色喇嘛装,左手残缺,双手施说法印,赤足,结金刚跏趺坐于彩绘莲月座上。蓝色背光。藏品背部装有法藏。

　　此藏品人物形象生动,特征明显,工艺精湛。

【图132】

唐东杰布擦擦

年代： 清
质地： 泥质黄陶
尺寸： 高4.4厘米，宽3.7厘米

　　一面二臂，披发，蓄长须，着长袍，右手结触地印，左手结定印并托法钵，结跏趺坐于莲花座上。

第六部分

佛塔类

年代： 明

质地： 铜

尺寸： 高15厘米，宽7厘米

塔刹为莲花宝顶，下承莲纹华盖。十三级相轮，有"十三天"之意，代表修成正果的十三个阶段。相轮之下为"山"字形须弥刹座。覆钵式塔身，饰两条金刚圈。圆形塔座，腰部雕有覆莲和仰莲，底边饰一圈联珠纹。塔内装藏，封底刻有十字金刚宝杵纹。

此塔构思巧妙，工艺精湛，虽不华美，却简洁雅致。

噶当塔，藏文Bka'gdams mchod rten，是公元11世纪初由印度高僧阿底峡尊者来西藏传法时首次传入的，并且一直流传于噶当派中，所以被冠以"噶当"之名，称为"噶当塔"。后来，"噶当塔"几乎成为阿底峡尊者的一大标志，凡是有关阿底峡尊者的唐卡、壁画，均可看到此塔的图案，以致我们在辨别阿底峡尊者唐卡时，可以将此作为一个标志。

【图133】

四川大学博物馆藏品集萃

藏传佛教艺术卷

噶当塔

年代：明

质地：铜

尺寸：高29厘米，宽13厘米

【图134】

　　塔刹为莲花宝顶，下承莲纹华盖。十三级相轮，有"十三天"之意，代表修成正果的十三个阶段。相轮之下为"山"字形须弥刹座。覆钵式塔身，饰两条金刚圈。圆形塔座，腰部雕有覆莲和仰莲，莲瓣宽而扁。底边饰一圈联珠纹。塔内装藏，封底刻有十字金刚宝杵纹。

图
录

鎏金铜菩提塔

年代： 清
质地： 黄铜
尺寸： 高20厘米，宽10厘米

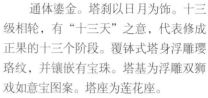

通体鎏金。塔刹以日月为饰。十三级相轮，有"十三天"之意，代表修成正果的十三个阶段。覆钵式塔身浮雕璎珞纹，并镶嵌有宝珠。塔基为浮雕双狮戏如意宝图案。塔座为莲花座。

菩提塔，藏文 Byang chub mchod rten，是为纪念释迦牟尼佛在印度金刚座成道，降伏四魔而大彻大悟，由影胜王等修建，也称为"降魔塔"，系八大塔之一。

【图135】

铜聚莲塔

年代： 清

质地： 铜

尺寸： 高21厘米，宽10厘米

通体鎏金。塔刹以日月为饰，覆钵上阴刻璎珞纹，十三级相轮，塔身浮雕莲花纹，塔基上阴刻象、狮子、凤凰等图案。

聚莲塔，藏文Pad ma spungs pa'I mchod rten，为纪念释迦牟尼佛在波罗奈斯城三转法轮，梵授修塔一座，系八大塔之一。

【图136】

第七部分

宝瓶类

铜宝瓶

年代：清
质地：铜
尺寸：长25.5厘米，宽18厘米

　　铜铸，壶形，壶顶部镶嵌浮雕八吉祥纹铜饰，瓶口插孔雀翎，长颈，颈部浮雕摩羯纹，弧腹，高圈足。

　　宝瓶，藏文Bum pa，又称净水瓶、花瓶，藏族吉祥图案之一，同时也是密宗修法时灌顶的法器。瓶中装净水，象征甘露；瓶口插有孔雀翎，象征吉祥清净，代表福智圆满。它也是无量寿佛手持物，象征灵魂永生不死。

【图137】

【图138】

铜宝瓶

年代：清
质地：铜
尺寸：高25厘米，宽18厘米

　　铜铸，壶形，壶顶部镶嵌浮雕莲花纹铜饰，瓶口插孔雀翎，细颈，颈部浮雕摩羯纹饰，弧腹，高圈足。

　　此宝瓶工艺精湛，线条流畅，堪称精品。

铜宝瓶

年代： 清

质地： 铜

尺寸： 高25厘米，宽18厘米

铜铸，壶形，壶顶部镶嵌浮雕八吉祥纹铜饰，瓶口插有孔雀翎，细颈，颈部浮雕摩羯纹，弧腹，高圈足。

【图139】

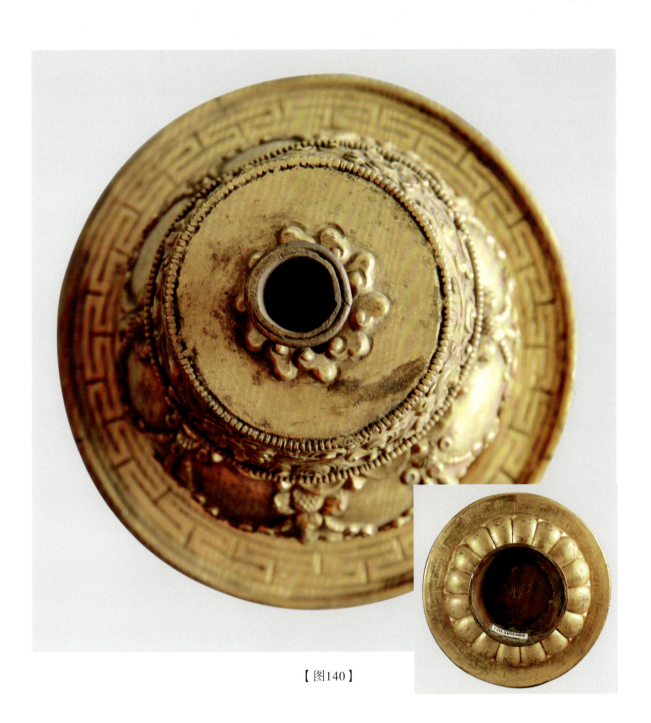

【图140】

铜宝瓶

年代： 清

质地： 黄铜

尺寸： 高17厘米，宽11厘米

铜铸，壶形，壶顶部镶嵌浮雕八吉祥纹铜饰，瓶口插有铜插、细颈、无嘴，弧腹，腹部浮雕璎珞纹并镶嵌有珠宝，浮雕莲花座，莲瓣饱满精致。宝瓶置于铜碗之上。铜碗圆口，口沿阴刻吉祥结。

此藏品构思巧妙，工艺精湛，极尽技法之粹，堪称精品。

铜宝瓶

年代：民国年间
质地：青铜
尺寸：高25厘米，宽18厘米

铜铸，壶形，壶顶部镶嵌浮雕八吉祥纹铜饰，瓶口插有浮雕莲花纹铜插，细颈，无嘴，弧腹，高圈足，浮雕莲花纹。

【图141】

第八部分

酥油灯类

铜酥油灯

年代：清
质地：铜
尺寸：口径29厘米，高37厘米

【图142】

　　铜铸，撇口，深弧腹，短柄，浮雕莲花纹高圈足。灯腹有裂纹。口沿外刻有两行藏文祈祷文："Phyogs bzhi'i rgyal mo btsugs……"大意为："世间诸法教主，建立四方国……"

　　从祈祷文内容可以得知，该灯专属寺庙使用。祈祷文直接凿刻在灯腹上的颇为少见，极其珍贵。

　　酥油灯，藏文Mar me，是以酥油为燃料的油灯，多见于蒙藏地区。其中的酥油是从牛奶的油脂中反复提炼出来的。酥油灯是蒙藏地区人民供奉神明时不可缺少的法器之一。

年代：清
质地：黄铜
尺寸：口径12厘米，高13.5厘米

铜铸，撇口，折腹，短柄，高圈足，灯腹及灯座上均阴刻莲花纹。

【图143】

铜酥油灯

年代：清
质地：黄铜
尺寸：口径8.4厘米，高15.2厘米

铜铸，撇口，深弧腹，算珠状节柄，喇叭
形底座，灯腹及灯座上分别有两道折棱。

【图144】

【图145】

铜高足酥油灯

年代：清
质地：黄铜
尺寸：口径7.0厘米，高10.3厘米

铜铸，盘口外撇，浅腹，环底，算珠状节柄，喇叭形底座，灯座上有两道折棱。

铜酥油灯

年代：清
质地：青铜
尺寸：口径6.5厘米，高9.5厘米

铜铸，直口，深弧腹，算珠状节柄，高圈足，足底外折。腹部有裂纹。

【图146】

铜高足酥油灯

年代： 清
质地： 黄铜
尺寸： 口径7.6厘米，高15.1厘米

铜铸，直口，口沿外有一道阴刻线，深弧腹，算珠状节柄，高圈足，足底外折。

【图147】

铜酥油灯

年代： 清
质地： 黄铜
尺寸： 口径12.1厘米，高17.2厘米

铜铸，撇口，浅腹，环底，算珠状节柄，喇叭形底座，座身有两道折棱。

【图148】

【图149】

铜碗式酥油灯

年代：清
质地：黄铜
尺寸：口径7.2厘米，高4.1厘米

铜铸，撇口，圆唇外折，深腹，圆圈足，腹部阳刻两道凸弦纹。整体呈碗形。

第九部分

金刚铃类

铜金刚铃

年代： 清

质地： 铜

尺寸： 高27厘米，宽13厘米

【图150】

金刚铃，梵文 Ghanta，藏文 Dril bu，藏传佛教法器之一。它代表"般若波罗蜜多"的阴性，直接体现着空性。为督促和勉励众生精进，唤起佛、菩萨之惊觉所振摇之铃，即于修法中，为惊觉、劝请诸尊，令彼等欢喜而振摇之。

四川大学博物馆藏品集萃

藏传佛教艺术卷

金刚铃顶部为金刚杵，手柄上雕有大智慧波罗蜜多女神头像。女神头戴莲花冠，头发拢在脑后形成发髻，代表把一切观点束缚在单一的、非二元的现实中。其头冠上的宝珠串连在金刚杵的莲花基座上，作为五佛智。它构成了金刚铃的冠状。金刚铃肩部有坛城中央台座的八瓣莲花，每个莲瓣上都刻有一个咒语。莲花的八个莲瓣象征八大男性菩萨，八个字符象征八大女性菩萨或八大供养天女。八个莲瓣中间都有一个小圆圈，其上有二十四个绽开的小莲瓣，金刚铃的铃杆从中伸出。这个内圈代表坛城中央神的莲花宝座。其下有两排珍珠，环绕着十六个水平放置的金刚杵。这两排珍珠代表坛城供养女神的圣坛和内墙的装饰。水平放置的金刚杵代表着坛城中央台座具有坚不可摧的金刚特质，也象征着"十六空"。其下为横饰带，上面浮雕有下浮式莲花纹，代表坛城宫墙华丽的装饰。其下为一片无装饰的开阔区域，代表坛城的圆盘。最下方为一圈直立的金刚杵，介于两排珍珠之间。两排珍珠代表坛城的保护圈，使坛城免遭大火、地震和洪水的侵袭，象征性地代表着断灭贪、嗔、痴"三毒"。铃的口沿稍微向内折，形成一个薄金属圈，这可以使铃发出的声音持续不断。铃腹内，上端有一个环，铃舌就挂在这个环上；内壁刻有"Om a hum"，代表佛之身、语、意。

此铃制作工艺娴熟，装饰精美，堪称精品。

铜金刚铃

年代： 清

质地： 铜

尺寸： 高19厘米，宽9.5厘米

【图151】

　　金刚铃顶部为金刚杵，手柄上雕有大智慧波罗蜜多女神头像。女神头戴莲花冠，头发拢在脑后形成发髻。其头冠上的宝珠串连在金刚杵的莲花基座上，构成了金刚铃的冠状。金刚铃肩部有坛城中央台座的八瓣莲花，每个莲瓣上都刻有一个梵文咒语。莲花的八个莲瓣象征八大男性菩萨，八个字符象征八大女性菩萨。八个莲瓣中间各有一个小圆圈，上面有二十四个绽开的小莲瓣。代表坛城中央神的莲花宝座。其下有两排珍珠，环绕着十六个水平放置的金刚杵。这两排珍珠代表坛城供养女神的圣坛和内墙的装饰。水平放置的金刚杵代表坛城中央台座具有坚不可摧的金刚特质。其下为横饰带，上面浮雕有饕餮纹及串珠，代表坛城宫墙华丽的装饰。其下为一片无装饰的开阔区域，代表坛城的圆盘。最下方为一圈直立的金刚杵，介于两排珍珠之间。两排珍珠代表坛城的保护圈，使坛城免遭大火、地震和洪水的侵袭，象征性地代表着断灭贪、嗔、痴"三毒"。铃的口沿稍微向内折，形成一个薄金属圈，这可以使铃发出的声音持续不断。铃腹内，上端有一个环，铃舌就挂在这个环上；内壁刻有"Om a hum"，代表佛之身、语、意。

　　此金刚铃做工精细，技艺娴熟，堪称佳作。

铜金刚铃

年代： 清

质地： 铜

尺寸： 高19厘米，宽9.5厘米

金刚铃顶部为金刚杵，手柄上雕有大智慧波罗蜜多女神头像，女神头戴莲花冠。金刚铃肩部有坛城中央台座的八瓣莲花，每个莲瓣上都刻有一个梵文咒语。八个莲瓣中间各有一个小圆圈，上面有二十四个绽开的小莲瓣。代表坛城中央神的莲花宝座。其下有两排珍珠，环绕着十六个水平放置的金刚杵。其下为横饰带，上面浮雕有饕餮纹及串珠，代表坛城宫墙华丽的装饰。饕餮纹饰之间有直立的金刚杵。最下方为一圈直立的金刚杵，介于两排珍珠之间。铃的口沿稍微向内折，形成一个薄金属圈，有利于金刚铃发声。铃腹内，上端有一个环，铃舌就挂在这个环上；内壁刻有"Om a hum"，代表佛之身、语、意。

【图152】

铜金刚铃

年代： 清

质地： 铜

尺寸： 高19厘米，宽9厘米

【图153】

　　金刚铃顶部为金刚杵，手柄上雕有大智慧波罗蜜多女神头像，女神头戴莲花冠。金刚铃肩部有坛城中央台座的八瓣莲花，每个莲瓣上都刻有一个梵文咒语。八个莲瓣中间都有一个小圆圈，上面有二十四个绽开的小莲瓣。代表坛城中央神的莲花宝座。其下有两排珍珠，环绕着十六个水平放置的金刚杵。其下为横饰带，上面浮雕有饕餮纹及串珠，代表坛城宫墙华丽的装饰。饕餮纹饰间为如意宝饰。下方为一圈直立的金刚杵，介于两排珍珠之间。铃的口沿稍微向内折，形成一个薄金属圈，有利于金刚铃发声。铃腹内，上端有一个环，铃舌就挂在这个环上；内壁刻有 "Om a hum"，代表佛之身、语、意。

第十部分

胫骨号类

胫骨号

年代： 清

质地： 骨

尺寸： 长20厘米，宽6厘米

【图154】

胫骨形，底錾一孔成号，胫骨用贴身皮套包裹，满绘图案。

胫骨号是藏传佛教密宗的法器之一，主要用于佛教庆典、宗教节日、活佛坐床等重大喜庆法事活动中。它是修无上瑜伽密时必备的法器，用来驯服鬼神。

关于胫骨号的来源，据说是一位避世隐居的印度大成就者，半夜独自在天葬台苦修，逢悲悯之心时取用骷髅胫骨做笛吹奏，其尖利刺耳的声音能引发他厌世悲悯的共鸣，从此胫骨号成为密宗修法时常见的乐器。藏传佛教密宗用人骨做法器，最大的前提就是自然死亡，所有的人骨和人皮都是死者家人自愿捐赠的，也有的出自得道上师的遗体。在传统的寺院中，在僧房内涂绘骷髅图像的习俗，其目的也是令人常念生死无常。胫骨号也有金属制作的，其外形如胫骨。

【图155】

胫骨形，用皮套包裹胫骨而制成，胫骨体及踝部均镶有青铜环。

胫骨号

年代：清

质地：骨

尺寸：长20厘米，宽6厘米

【图156】

仿铜胫骨号

年代： 清
质地： 青铜
尺寸： 长42厘米，宽8厘米

胫骨形，圆口，口沿饰有莲花纹，管身镶有镂空叶纹及"卐"字符铜饰。

仿铜胫骨号

年代： 清
质地： 青铜
尺寸： 长43厘米，宽9厘米

胫骨形，喇叭口，口沿饰有莲花纹，管身中部镶有镂空叶纹及"卐"字符铜饰。

【图157】

【图158】

仿铜胫骨号

年代：清
质地：铜
尺寸：长41厘米，宽6厘米

胫骨形，略有变形，口部及管身中间部位均镶有镂空莲花纹铜饰。应为晚清时期难得的一件法器。

【图159】

仿铜胫骨号

年代：清

质地：青铜

尺寸：长47厘米，宽7厘米

胫骨形，口部镶有莲花纹，管身中间部位镶有红珠及龙头纹饰，喇叭口镶嵌有如意宝。

此藏品为非常难得的精品。

【图160】

仿铜胫骨号

年代: 清
质地: 青铜
尺寸: 长47厘米, 宽7厘米

胫骨形, 管身中间部位镶有红珠及龙头纹饰, 喇叭口镶嵌有如意宝。

仿铜胫骨号

年代： 清
质地： 铜
尺寸： 长35厘米，宽8.5厘米

胫骨形，管口为摩羯头，管身镶嵌有莲花纹铜饰。

【图161】

仿铜胫骨号

年代： 清
质地： 青铜
尺寸： 长43厘米，宽8厘米

胫骨形，八边形口，口沿略残；弧形管身，中间部位镶嵌有莲花纹铜饰。

工艺精湛，是非常难得的密宗法器。

【图162】

第十一部分

法螺类

年代： 清
质地： 海螺
尺寸： 长32厘米，宽19厘米

【图163】

　　白螺身，螺身镶嵌的铜翅上浮雕莲花纹。铜翅内层浮雕龙、狮等吉祥动物。工艺精湛，制作精美。

　　法螺，藏文Dung dkar g-yas 'khyul，藏族的八瑞相之一，是举行宗教仪式时吹奏的一种唇振气鸣乐器。以同名软体动物"法螺"的贝壳制成，源于印度。

　　法螺作为佛教法器的历史非常悠久，传说释迦牟尼在鹿野苑初转法轮时，帝释天等曾将一支白色右旋法螺献给佛祖，从此白色右旋法螺即作为吉祥、圆满的象征在佛教中广泛应用。吹奏时持握螺口，两唇紧贴螺口吹气，就可以发出呜呜的声音。法螺的音高、音色因海螺本身的大小、形状而不同，螺纹细小者音色明亮，反之则音色浑厚。

镶铜翅白色右旋法螺

年代：清
质地：海螺
尺寸：长30厘米，宽18厘米

白螺身，螺身镶嵌的铜翅上浮雕莲花纹，铜翅边缘浮雕宝伞、法幢、海螺及吉祥结等图案，翅内阴刻有藏文铭文"Sbyin bdag rnams la mchog gi dngos grub nod"，意为"愿诸施主获得无上成就"。

把祈祷文直接刻在镶翅上，在同类藏品中比较少见，收藏价值极高。

【图164】

镶铜翅白色右旋法螺

年代： 清
质地： 海螺
尺寸： 长39厘米，宽20厘米

白螺身，螺身镶嵌铜翅。镶翅上的图案分为三层：最边沿一层为浮雕莲花纹，中间为浮雕八吉祥图，靠近海螺处为浮雕龙纹及莲花纹。螺口镶有铜质莲花纹气牌。

此白海螺可谓工艺精湛，线条流畅，制作精美。

【图165】

镶铜翅白色右旋法螺

年代： 清
质地： 海螺
尺寸： 长26厘米，宽12厘米

白海螺，螺身镶翅上有鎏金浮雕八吉祥图及叶纹，螺口为镶有铜质莲花纹气牌。

【图166】

图录

185

镶铜翅白色右旋法螺

年代：清
质地：海螺
尺寸：长29厘米，宽11厘米

白海螺，螺身镶铜翅，翅上阴刻叶纹，螺口镶有铜质气牌，无纹饰。

【图167】

镶铜翅白色右旋法螺

年代：清
质地：海螺
尺寸：长29厘米，宽19厘米

白海螺，螺身有划痕，镶铜翅，翅上浮雕龙纹。螺顶端浮雕莲花纹，螺口镶有铜质莲花纹气牌。

【图168】

镶铜翅白色右旋法螺

年代：清
质地：海螺
尺寸：长29厘米，宽11.5厘米

白海螺，螺身镶铜翅，翅上阴刻叶纹，螺口镶有铜质气牌，无纹饰。

【图169】

【图170】

白色右旋法螺

年代：清
质地：海螺
尺寸：长16.5厘米，宽8.5厘米

白螺身，无镶翅，螺身边缘阴刻叶纹，其间刻有三角形纹饰。

褐色右旋法螺

年代：清

质地：海螺

尺寸：长26厘米，宽12厘米

褐色螺身，无镶翅，螺身上有自然形成的螺旋纹，有九个棱角。

【图171】

第十二部分

护身盒类

【图172】

银护身盒

年代：清
质地：银
尺寸：直径10厘米，厚2厘米

　　圆形盒，盒边沿镶嵌珊瑚珠及绿松石，其中有一耳饰残失。盒面饰莲花纹及镂空银线叶纹，中心镶有一颗红珊瑚珠。

　　此藏品做工细腻，工艺精湛，是康区女士佩戴于胸前的小护身盒。

　　护身盒内装藏有佛像及护身符。护身符又称护符、神符、灵符、秘符，即绘制佛、菩萨、诸天王、护法神之形象，或书写真言、咒语等经文。护身盒一般随身携带，祈求平安。

四川大学博物馆藏品集萃

藏传佛教艺术卷

【图173】

青铜护身盒

年代：清
质地：青铜
尺寸：高13厘米，宽12厘米，厚3厘米

　　佛龛形，盒面中心镶有十善具银饰，左右镶有黄铜耳，用于系护身带。

　　此藏品做工精致，甚为华丽，是非常难得的护身盒精品。属于康区男士佩戴的护身盒。

【图174】

银护身盒

年代：清
质地：银
尺寸：高10厘米，宽6.5厘米，厚3.5厘米

　　佛龛形，盒面中心有一小天窗，其边沿为浮雕莲花纹。盒面整体浮雕螺旋纹。

　　此藏品工艺精湛，甚为华丽，保存较完整，是一件非常难得的康区男士佩戴的护身盒精品。

【图175】

银护身盒

年代： 清
质地： 银
尺寸： 高8.9厘米，宽6.3厘米，厚3.5厘米

　　佛龛形，盒面中心有一小天窗，其三个角各镶有一颗绿松石。天窗周围浮雕八吉祥图纹。盒面底部浮雕饕餮纹。

　　此藏品工艺精湛，做工精美，应为康区男士佩戴的护身盒之精品。

第十三部分

木印版类

【图176】

"十相自在"木印版

年代：清
质地：木
尺寸：长38厘米，宽23厘米，厚2.5厘米

　　此印版为单面刻，中心为浮雕"十相自在"，火焰纹背光。

　　"十相自在"即：寿命自在、心自在、愿自在、业自在、受生自在、解自在、神力自在、资具自在、法自在、智自在。令东、南、西、北、东南、西南、西北、东北、上、下等十方与年、月、日、时等时辰所组合的时空宇宙世界一切自在。令信众者免除刀兵、疾疫、饥馑以及水、火、风等灾难，使所在之处吉祥圆满、眷属和睦、身心安康、去处通达、所求如愿。

四川大学博物馆藏品集萃

藏传佛教艺术卷

【图177】

"宝马招财"木印版

年代：清
质地：木
尺寸：长20厘米，宽12.5厘米，厚2.3厘米

　　四方形，中心为如意宝马，呈奔跑状，其背上驮有三重元宝。其下方为八枚铜钱。四周边沿浮雕吉祥图，如如意、宝扇等。此类印版一般用于印制风马旗。

　　就藏品整体雕刻风格而言，汉式风格较明显，雕工较精致，保存完好，对于研究汉藏雕刻艺术关系史很有参考价值。

【图178】

"消灾咒语" 木印版

年代: 清

质地: 木

尺寸: 长26厘米, 宽24.5厘米, 厚3.2厘米

四方形, 中心咒语雕刻成圆盘状。

此藏品雕工精致, 字体优美, 很有收藏价值。

此类印版藏品主要用于印刷祈祷文。

"文字坛城"木印版

年代：清
质地：木
尺寸：长36厘米，宽32厘米，厚4厘米

　　四方形，中心文字坛城呈圆形，坛城八方位及中心四门均用种子咒或心咒代替诸神，而没有雕刻诸神像。

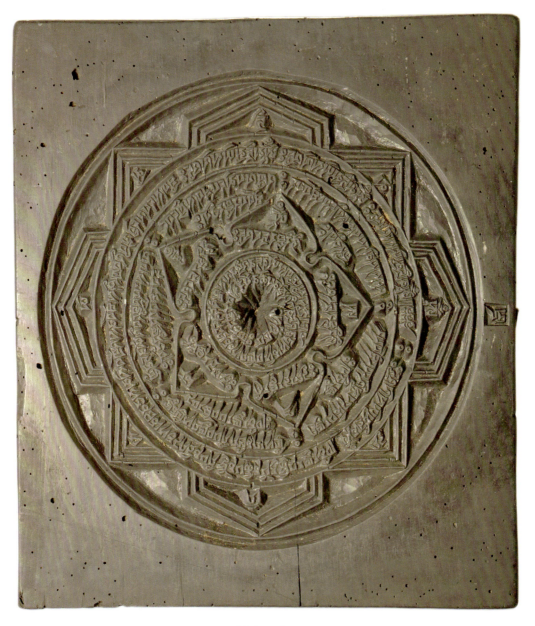

【图179】

【图180】

"忿怒"木印版

年代：清

质地：木

尺寸：长34厘米，宽33厘米，厚3厘米

四方形，中心部位由内外两部分组成，外层为圆形，内层为四方形。其主要内容为除障祈请文。

"六字大明咒"木印版

年代： 民国
质地： 木
尺寸： 长39厘米，宽24.5厘米，厚2厘米

【图181】

带柄长方形印版，浮雕有五行六字大明咒。

六字大明咒，即"唵嘛呢叭咪吽"，是大慈大悲观世音菩萨心咒，源于梵文，象征一切诸菩萨的慈悲与加持。六字大明咒是"唵啊吽"三字的扩展，其内涵异常丰富，奥妙无穷，至高无上，蕴藏了宇宙中的大能力、大智慧、大慈悲。

此咒即是观世音菩萨的心咒，久远劫前，观世音菩萨自己就是持此咒而修行成佛的，佛名正法明如来。

参考文献

1.扎雅·诺丹西绕. 西藏宗教艺术. 谢继胜，译. 拉萨：西藏人民出版社，1989.

2.久美却吉多杰. 藏传佛教神明大全. 曲甘·完玛多杰，译. 西宁：青海民族出版社，2004.

3. 王能宪，等. 国际唐卡艺术及非物质文化遗产保护青海论坛论文集. 北京：文化艺术出版社，2010.

4. 张长虹，廖旸. 越过喜马拉雅：西藏西部佛教艺术与考古译文集. 成都：四川大学出版社，2007.

5.【意】杜齐. 西藏考古. 向红笳，译. 拉萨：西藏人民出版社，2004.

6. 金申. 佛像的鉴藏与辨伪. 上海：上海辞书出版社，2002.

7. 金申. 鉴识藏传佛像. 福州：福建美术出版社，2002.

8.【英】罗伯特·比尔. 藏传佛教象征符号与器物图解. 向红笳，译. 北京：中国藏学出版社，2007.